Hans-Joachim Schütz

Militärische Vertrauensbildende Maßnahmen aus völkerrechtlicher Sicht

VERÖFFENTLICHUNGEN
DES INSTITUTS FÜR INTERNATIONALES RECHT
AN DER UNIVERSITÄT KIEL

Herausgegeben von

Jost Delbrück · Wilfried Fiedler
Wilhelm A. Kewenig · Rüdiger Wolfrum

87

Militärische Vertrauensbildende Maßnahmen aus völkerrechtlicher Sicht

Von

Hans-Joachim Schütz

DUNCKER & HUMBLOT / BERLIN

Gedruckt mit Unterstützung der DGFK

CIP-Kurztitelaufnahme der Deutschen Bibliothek

Schütz, Hans-Joachim:
Militärische Vertrauensbildende Maßnahmen aus völkerrechtlicher Sicht / von Hans-Joachim Schütz. — Berlin: Duncker und Humblot, 1984.
(Veröffentlichungen des Instituts für Internationales Recht an der Universität Kiel; 87)
ISBN 3-428-05564-0

NE: Institut für Internationales Recht (Kiel): Veröffentlichungen des Instituts . . .

Gedruckt 1984 bei Vollbehr u. Strobel, Kiel
Printed in Germany
ISBN 3-428-05564-0

Vorwort

Die vorliegende Arbeit versteht sich als ein erster Versuch der Annäherung an einen Themenbereich, der von der Völkerrechtswissenschaft bislang eher stiefmütterlich behandelt worden ist. Ihr liegt die überarbeitete Fassung eines vom Verfasser erstellten Gutachtens zugrunde. Das Gutachten sollte zu der Frage Stellung nehmen, ob und auf welche Weise das Völkerrecht in die Gestaltung (militärischer) Vertrauensbildender Maßnahmen mit einbezogen werden könne, bzw. einzubeziehen sei. Ihre besondere Aktualität gewann diese Fragestellung vor dem Hintergrund der Erörterung zweier Initiativen der Bundesrepublik Deutschland in den Vereinten Nationen, die die Beratung und eventuelle Verabschiedung eines allgemeinen völkerrechtlichen Verhaltenskodexes für Vertrauensbildende Maßnahmen, bzw. von völkerrechtlichen „Richtlinien" (guidelines) für spezifische Klassen von Vertrauensbildenden Maßnahmen durch die Vereinten Nationen zum Ziele haben. Darüberhinaus werden völkerrechtliche Fragen zweifellos auch auf der im Januar 1984 in Stockholm beginnenden Konferenz über Vertrauensbildung und Abrüstung in Europa eine Rolle spielen.

Der Verfasser dankt Herrn Michael Koch, Kiel, sowie anderen für die kritische Durchsicht früherer Fassungen der Studie. Zu danken habe ich ferner dem Institut für Internationales Recht an der Universität Kiel für die Aufnahme der Arbeit in seine Veröffentlichungsreihe. Sehr herzlich danken möchte ich schließlich der Deutschen Gesellschaft für Friedens- und Konfliktforschung in Bonn für die Gewährung eines Druckkostenzuschusses.

Hamburg/Kiel, im Dezember 1983

Hans-Joachim Schütz

Inhaltsverzeichnis

Abkürzungsverzeichnis

ABM	Anti-Ballistic Missile(s)
Abs.	Absatz
Anm.	Anmerkung
Art.; art.	Artikel; article(s)
Aufl.	Auflage
Bd.	Band
BGBl.	Bundesgesetzblatt (Bundesrepublik Deutschland)
BullBReg.	Bulletin des Presse- und Informationsamtes der Bundesregierung (Bundesrepublik Deutschland)
BVerfGE	Entscheidungen des Bundesverfassungsgerichts (Bundesrepublik Deutschland)
B-Waffen	bakteriologische / biologische Waffen
CBM	Confidence-Building Measure(s)
Cmnd.	Command Paper
CSCE	Conference on Security and Co-operation in Europe
C-Waffen	chemische Waffen
Doc.	Document
GA	General Assembly
Hrsg.	Herausgeber
ILC	International Law Commission
ILM	International Legal Materials
Jur. Diss.	Juristische Dissertation
Kap.	Kapitel
KSZE	Konferenz über Sicherheit und Zusammenarbeit in Europa
No.	Number
Nr.	Nummer
OECD	Organization for Economic Co-operation and Development
(öst.) BGBl.	Bundesgesetzblatt für die Republik Österreich
o. J.	ohne Jahr
para.	paragraph
Res.	Resolution
SALT	Strategic Arms Limitation Talks
SBM	Sicherheitsbildende Maßnahme(n); Security-Building Measure(s)
SIPRI	Stockholm International Peace Research Institute
SVN	Satzung der Vereinten Nationen
UNDC	United Nations Disarmament Commission
UN(O)	United Nations (Organization)
VBM	Vertrauensbildende Maßnahme(n)
VN	Vereinte Nationen
V(S)BM	Vertrauens(Sicherheits)bildende Maßnahme(n)

I. Einführung

Vertrauensbildende Maßnahmen (VBM) wurden das erste Mal expliziter Gegenstand einer zwischenstaatlichen Vereinbarung in der am 31. Juli/ 1. August 1975 verabschiedeten Schlußakte der Konferenz über Sicherheit und Zusammenarbeit in Europa (KSZE)[1]: Diese enthält ein „Dokument über vertrauensbildende Maßnahmen und bestimmte Aspekte der Sicherheit und Abrüstung".[2] Im weiteren KSZE-Verlauf (Folgekonferenzen in Belgrad 1977/78 und Madrid 1980—83) gewannen VBM noch zunehmende Bedeutung.[3] Auch bei den Wiener Truppenreduzierungsgesprächen sind

---

[1] Text in: BullBReg. Nr. 102 vom 15. 8. 1975, 965 ff. Zum Rechtscharakter der KSZE-Schlußakte siehe *Hans-Joachim Schütz*, Probleme der Anwendung der KSZE-Schlußakte aus völkerrechtlicher Sicht, in: *Jost Delbrück / Norbert Ropers / Gerda Zellentin* (Hrsg.), Grünbuch zu den Folgewirkungen der KSZE, Köln 1977, 155—175 (155—166); *Jost Delbrück*, Die völkerrechtliche Bedeutung der Schlußakte der Konferenz über Sicherheit und Zusammenarbeit in Europa, in: *Rudolf Bernhardt / Ingo von Münch / Walter Rudolf* (Hrsg.), Drittes deutsch-polnisches Juristen-Kolloquium, Baden-Baden 1977, 31—50; *Theodor Schweisfurth*, Zur Frage der Rechtsnatur, Verbindlichkeit und völkerrechtlichen Relevanz der KSZE Schlußakte, in: Zeitschrift für ausländisches öffentliches Recht und Völkerrecht 36 (1976), 681—726.

[2] Im einzelnen sieht das Dokument folgende VBM vor:

— die vorherige Ankündigung größerer militärischer Manöver (darunter werden solche mit mehr als 25.000 Teilnehmern verstanden);
— die vorherige Ankündigung anderer (d. h. kleinerer) Manöver;
— den Austausch von Manöverbeobachtern;
— die vorherige Ankündigung größerer militärischer Bewegungen;
— sowie — unter der Rubrik „Andere vertrauensbildende Maßnahmen" — den Austausch militärischen Personals, einschließlich Militärdelegationen.

Allerdings sind die meisten der hier vereinbarten — und in der Folge auch noch anderswo ins Gespräch gebrachten — VBM keineswegs Erfindungen der jüngsten Zeit. Vielmehr spielten eine Reihe dieser Maßnahmen schon weitaus früher eine Rolle in internationalen Sicherheitserörterungen, auch wenn sie damals noch nicht immer unter der Bezeichnung „VBM" firmierten. Vgl. dazu etwa *Wolfgang Heisenberg*, Die vertrauensbildenden Maßnahmen der KSZE-Schlußakte: Theoretische Ansätze und praktische Erfahrungen, in: *Bruno Simma / Edda Blenk-Knocke* (Hrsg.), Zwischen Intervention und Zusammenarbeit. Interdisziplinäre Arbeitsergebnisse zu Grundlagen der KSZE, Berlin 1979, 299—317 (299); sowie jetzt die Nachweise bei *Hans-Joachim Schütz*, Vertrauensbildende Maßnahmen, in: *Jost Delbrück* (Hrsg.), Friedensdokumente aus fünf Jahrhunderten. Abrüstung — Kriegsverhütung — Rüstungskontrolle, Kehl/Rhein-Straßburg-Arlington 1983, 1291 ff.

[3] Vgl. *Klaus J. Citron / Reinhard W. Ehni*, Das Konzept vertrauensbildender Maßnahmen. Ursprung — Erste Verwirklichung — Perspektiven, in: Vereinte Nationen 1979, 6—10 (7 ff.); *Hermann Volle / Wolfgang Wagner* (Hrsg.), Das Belgrader KSZE-Folgetreffen, Bonn 1978, passim; *Maurizio Cremasco*, Political and Military Aspects of the Madrid Conference, in: Lo Spettatore Internazionale 1980, 329—341; SIPRI-Yearbook 1981, 483—494; sowie das Schlußdokument der Madrider KSZE-Nachfolgekonferenz, dt. Text in: BullBReg. Nr. 88 vom 12. 9. 1983, 813 ff.

VBM — unter der Bezeichnung „Associated Measures" — Gegenstand der Verhandlungen.[4]

Insbesondere auf Betreiben der Bundesrepublik Deutschland befaßt sich die Staatengesellschaft nun auch auf globaler Ebene, nämlich im Rahmen der Vereinten Nationen (VN), eingehender mit dem Thema „VBM". So hat die Generalversammlung der VN eine Reihe von Resolutionen zu diesem Thema verabschiedet.[5] Auch in das Schlußdokument der 1. VN-Sondergeneralversammlung über Abrüstung fand der Gedanke der VBM Eingang.[6] Darüber hinaus hatte die VN-Generalversammlung die Mitgliedstaaten der VN aufgefordert, dem Generalsekretär der VN ihre Ansichten und ihre mit VBM gewonnenen Erfahrungen mitzuteilen.[7] Eine Reihe von Staaten sind in der Folge dieser Aufforderung nachgekommen und haben ihre Ansichten über VBM an den VN-Generalsekretär übermittelt.[8] Schließlich hat der VN-Generalsekretär auf Aufforderung der Generalversammlung eine Expertengruppe eingesetzt, die — auch unter Berücksichtigung der im Vorstehenden erwähnten Ansichten der Mitgliedstaaten — eine umfassende Studie zum Thema „VBM" erstellen sollte.[9] Diese Expertengruppe, die unter Leitung des Chefs der Delegation der Bundesrepublik Deutschland beim Genfer Abrüstungsausschuß stand, hat in der Zwischenzeit ihre Arbeit beendet und die erbetene Studie abgeliefert.[10]

---

[4] Vgl. dazu etwa SIPRI-Yearbook 1974, 24—47 (43 ff.).

[5] Vgl. etwa A/RES/33/91 B vom 16. 12. 1978; A/RES/34/87 B vom 11. 12. 1979; A/RES/35/156 B vom 12. 12. 1980; A/RES/36/97 F vom 9. 12. 1981; A/RES/37/100 D vom 13. 12. 1982.

[6] A/RES/S-10/2 vom 30. 6. 1978, § 93. Zur 1. VN-Sondergeneralversammlung über Abrüstung und ihren Ergebnissen allgemein siehe *Hans-Joachim Schütz*, Das internationale Abrüstungs- und Rüstungskontrollregime nach der Abrüstungssondergeneralversammlung der Vereinten Nationen, in: *Jost Delbrück* (Hrsg.), Völkerrecht und Kriegsverhütung, Berlin 1979, 295—305.

[7] A/RES/33/91 B vom 16. 12. 1978.

[8] UN Doc. A/34/416+Add. 1—3 vom 5. 10., 29. 10., 29. 11 und 19. 12. 1979; UN Doc. A/35/397 vom 28. 8. 1980.

[9] Gemäß A/RES/34/87 B vom 11. 12. 1979.

[10] Comprehensive Study on Confidence-building Measures, UN Doc. A/36/474 vom 6. 10. 1981=UN Publ., Sales No. E.82.IX.3 (im folgenden: Study). Die Studie gliedert sich insgesamt in neun Abschnitte: Nach einer kurzen Einführung (I.) und einigen allgemeinen Vorabervägungen zu VBM (II.) wird in Abschnitt III ein theoretisch-konzeptioneller Rahmen für VBM entwickelt; daran anschließend wird nachgezeichnet, wie sich das VBM-Konzept in der Staatenpraxis entwickelt hat (IV.); dem folgt eine Erörterung derjenigen (völkerrechtlichen) Prinzipien, anhand derer aus der Sicht der Autoren der Studie VBM ggfs. zu vereinbaren und zu verwirklichen wären (V.); Abschnitt VI bringt Vorschläge für bestmögliche Ansätze zur praktischen Verwirklichung von VBM unter verschiedenen Umständen; Abschnitt VII enthält dazu eine beispielhafte Auflistung möglicher konkreter VBM; Abschnitt VIII untersucht die Rolle, die die VN bei der Vereinbarung und Verwirklichung von VBM spielen könnten; den Abschluß bilden einige Folgerungen und Empfehlungen (IX.).

Die Studie, die als ein vorläufiger Höhepunkt des internationalen Diskurses über VBM angesehen werden kann, geht an einigen Stellen auch auf das Verhältnis von VBM und Völkerrecht ein. So wird zunächst — in der Tat zutreffend — hervorgehoben, daß, da die Praxis der Vereinbarung konkreter VBM noch relativ junger Natur sei, noch kein spezieller, auf VBM bezogener völkerrechtlicher Regelkomplex, kein Corpus spezifischer VBM-Völkerrechtsnormen, existiere; gleichwohl sei es aber zweifellos so, daß das Corpus der herkömmlichen Völkerrechtsregeln auch auf die Vereinbarung und Durchführung von VBM Anwendung finde (§ 93). Darüber hinaus unterliege es auch keinem Zweifel, daß dann, wenn Staaten VBM mit der Absicht vereinbarten, rechtlich bindende Verpflichtungen zu schaffen, entsprechend völkerrechtliches Vertragsrecht entstünde (ibid.). Doch selbst wenn Staaten rechtlich zunächst unverbindliche, allenfalls „politisch bindende" VBM vereinbarten, könnte sich aufgrund der fortgesetzten und regelmäßigen Anwendung solcher Maßnahmen im gegebenen Fall mit der Zeit eine Überzeugung bei den betreffenden Staaten herausbilden, daß diese Praxis rechtmäßig sei, und — in der Folge — entsprechendes Völkergewohnheitsrecht bilden (§ 98). Des weiteren führt die Studie zum Verhältnis von VBM und Völkerrecht aus, daß es auch eine der Absichten und eines der Ziele von VBM sei, „den Respekt vor den Prinzipien", wie sie etwa in der Satzung der Vereinten Nationen (SVN), in der „Friendly Relations"-Deklaration der VN-Generalversammlung[11] oder ähnlichen Instrumenten niedergelegt seien, „zu stärken" (§ 89). Dies habe zweierlei konkrete Implikationen: Zum einen könnten die Staaten jede in einem gegebenen Vertrauensbildungsprozeß vorgeschlagene VBM vor dem Hintergrund dieser Prinzipien (wohl auch: völkerrechtlich) bewerten (§ 90); zum anderen trage die Durchführung jeder spezifischen VBM dazu bei, jene Prinzipien in der durch den Charakter der betreffenden VBM näher bezeichneten Hinsicht zu konkretisieren, das betreffende allgemeinere Völkerrechtsprinzip „in konkrete Aktion zu übersetzen" (ibid.; § 40). Als ein mögliches Fernziel wird schließlich eine internationale Konvention genannt, welche eine Reihe grundsätzlicher und allgemeingültiger Regeln, die bei der Durchführung von VBM zu beachten wären, kodifizieren sollte (§ 114).

In der Zwischenzeit sind, wiederum unter maßgeblicher Beteiligung der Bundesrepublik Deutschland, zwei Initiativen ergriffen worden, die zur Fortentwicklung und Konkretisierung jenes in der VN-Expertenstudie zum Tragen kommenden völkerrechtlichen Ansatzes der Behandlung des VBM-Gedankens beitragen sollen. So hat die Bundesrepublik

[11] Declaration on Principles of International Law concerning Friendly Relations and Co-operation among States in accordance with the Charter of the United Nations, GA Res. 2625 (XXV) vom 24. 10. 1970.

Deutschland auf der 2. VN-Sondergeneralversammlung über Abrüstung zum einen den Vorschlag unterbreitet, einen völkerrechtlichen Verhaltenskodex auszuarbeiten, der in allgemeiner Weise Verhaltensregeln für die Vereinbarung und Durchführung von VBM aufstellen solle.[12] Zum anderen hat die VN-Generalversammlung Anfang 1983 eine Resolution verabschiedet[13], in der — auf eine weitere Konkretisierung des eben referierten Vorschlages abstellend — angeregt wird, daß die Abrüstungskommission der VN die Ausarbeitung von „Richtlinien" (guidelines) für die Vereinbarung und Durchführung bestimmter, dazu geeigneter VBM erwägen solle.

Die VN-Expertenstudie mit ihren Aussagen zum Verhältnis von VBM und Völkerrecht, in Sonderheit aber die beiden zuletzt genannten Initiativen, stellen den Anlaß dar, sich in vorliegender Studie auch aus der Sicht des Völkerrechtlers näher mit dem Thema VBM zu befassen. Dabei walten zweierlei Erkenntnisinteressen, und zwar ein praxeologisches sowie ein theoretisches. Unter ersterem soll aus völkerrechtlicher Sicht zu den beiden eben genannten, auf diplomatischer Ebene jüngst ins Gespräch gebrachten Projekten „VBM-Verhaltenskodex" und „-Richtlinien" Stellung genommen werden, soll deren völkerrechtliche Problematik diskutiert werden und versucht werden, einige diesbezügliche Praxisempfehlungen zu formulieren. Dabei geht es insbesondere — neben der Frage der formalen Qualifizierung — um die Frage der inhaltlichen Gestaltung des angestrebten Verhaltenskodex, bzw. der angestrebten Richtlinien.

Zum anderen will sich die Studie aber darüber hinausgehend — gemäß ihrem zweiten, theoretischen Erkenntnisinteresse — auch in allgemeinerer und theoretischer Weise mit dem Thema „VBM und Völkerrecht" beschäftigen. Dies ist näher zu erläutern: Wie auch die VN-Expertenstudie hervorgehoben hat, gibt es z. Zt. — als Folge dessen, daß das VBM-Konzept als solches in der internationalen Politik erst seit relativ kurzer Zeit praktiziert wird — noch kein Corpus einschlägigen „VBM-Völkerrechts".[14] D. h., es steht kein gebrauchsfertiges, passendes völkerrechtliches Instrumentarium zur Verfügung, das man — gleichsam wie ein Gesetzbuch, unter dessen insoweit klare Bestimmungen man ggfs. nur einfach subsumieren müßte — zur unverzüglichen und unmittelbaren Lösung etwaiger, in einem VBM-Kontext entstehender völkerrechtlicher Probleme zur Anwendung bringen könnte. Dies zeigt sich ganz deutlich am Beispiel der beiden Initiativen aus der jüngsten Staatenpraxis, den

---

[12] UN Doc. A/S-12/AC. 1/38 vom 25. 6. 1982.

[13] A/RES/37/100 D; Grundlage war der Resolutionsentwurf UN Doc. A/C. 1/37/L. 35 vom 17. 11. 1982, der unter maßgeblicher Beteiligung der Bundesrepublik zustandegekommen war.

[14] Study (Anm. 10), § 93.

Projekten für einen VBM-Verhaltenskodex bzw. für VBM-Richtlinien: Hier ist es ohne weitere vorhergehende Überlegungen und Erörterungen, sozusagen „auf Anhieb", nicht möglich zu sagen, wie die beiden Projekte aus völkerrechtlicher Sicht zu bewerten sind und konkret etwa zu bestimmen, welche Völkerrechtsprinzipien in einen VBM-Verhaltenskodex oder in VBM-Richtlinien aufzunehmen wären bzw. in jeweils welcher Weise. Zwar trifft zweifellos zu, was die VN-Expertenstudie festgestellt hat, nämlich, daß die herkömmlichen Völkerrechtsregeln auch auf die Vereinbarung und Durchführung von VBM Anwendung finden[15] und insofern rechtliche Handhaben zur Lösung etwaiger im Zusammenhang mit VBM entstehender völkerrechtlicher Probleme vorhanden seien. Und es zeigen sich auch durchaus gleich eine Reihe völkerrechtlicher Institute und Normen, die etwa im Hinblick auf die beiden genannten Projekte, VBM-Verhaltenskodex und VBM-Richtlinien, bzw. auch im Hinblick auf VBM allgemein, einschlägig erscheinen (so wird man wohl sofort geneigt sein davon auszugehen, daß etwa das völkerrechtliche Gewaltverbot zumindest in irgendeiner Weise mit VBM als einem Instrument der Rüstungskontrolle etwas zu tun haben muß). Allerdings sind alle jene Institute, Normen usw. für unsere Zwecke letztlich zu allgemein, jedenfalls nicht „VBM-spezifisch" genug formuliert. Vielmehr ergibt sich die Notwendigkeit, diesen Normenbestand noch, konkret bezogen auf den Fragenkomplex „VBM", aufzubereiten, zuzuspitzen, bzw. teilweise auch weiterzuentwickeln. Von hier aus speist sich denn auch das theoretische Erkenntnisinteresse vorliegender Studie. Dies um so mehr, als — soweit ersichtlich — auch noch keine wissenschaftlichen Arbeiten existieren, die sich ausführlicher mit diesem Fragenkomplex auseinandergesetzt hätten[16].

---

[15] Ibid.

[16] Ansätze dazu finden sich jedoch in der in Anm. 2 genannten Arbeit von *Heisenberg*. *Jörg Manfred Mössner*, Vertrauen in der internationalen Politik. Völkerrechtliche Aspekte, in: *Simma / Blenk-Knocke* (Anm. 2), 245—275, beschäftigt sich ebenfalls aus der Sicht des Völkerrechtlers mit VBM bzw. mit dem Problem des Vertrauens in den internationalen Beziehungen überhaupt. Er leistet dabei auch gewisse Grundlagenarbeit, als er z. B. in einem weit ausholenden geschichtlichen Rückblick untersucht, in welcher Weise der Gedanke des Vertrauens in rechtlichen Äußerungen der Staatengesellschaft, insbesondere in völkerrechtlichen Verträgen, Berücksichtigung erfahren und inwieweit sich dabei so etwas wie ein völkerrechtlicher Begriff des Vertrauens entwickelt hat. Darüber hinaus versucht er, im Hinblick auf den dem VBM-Konzept zugrundeliegenden Vertrauensbegriff, Bausteine für eine entsprechende völkerrechtliche Vertrauenstheorie zu modellieren und, zumindest in Ansätzen, zu einem theoretischen Gebäude zusammenzufügen. Allerdings sind die Überlegungen Mössners auf sehr allgemeiner Ebene angesiedelt und gehen auf das VBM-Konzept, wie es sich im Rahmen der KSZE, der Wiener Truppenreduzierungsgespräche oder der VN entwickelt hat, nur am Rande ein. Insofern ist der oben getroffene Befund, daß keine wissenschaftlichen Arbeiten existieren, die sich unter dieser konkreten Fragestellung mit dem Problemkomplex „VBM und Völkerrecht" beschäftigen, weiterhin gültig.

Im einzelnen wird die Studie nun folgenden Gang nehmen: Zu Beginn der rechtlichen Erörterungen des Problemkomplexes „VBM und Völkerrecht" soll die Prüfung der Frage stehen, inwieweit es überhaupt sinnvoll und / oder notwendig sein kann, VBM mittels rechtlicher Kategorien zu erfassen, wobei diese Fragestellung gleich weiter dahingehend zugespitzt werden soll, als gefragt wird, inwieweit es sinnvoll und / oder notwendig sein kann, eine VBM-Vereinbarung solchermaßen zu „verrechtlichen", daß sie auf (völker-)rechtlich verbindliche Weise eingegangen wird (III. 1) — ein Gedanke, den bekanntlich auch die VN-Expertenstudie anklingen läßt[17]. Dem soll sich aber gleich die Erörterung der grundsätzlichen Möglichkeiten einer anderweitigen, nicht-rechtlichen Normierung von VBM, sowie der etwaigen rechtlichen Konsequenzen einer derartigen Normierung, anschließen (III. 2). Im folgenden sollen einzelne Formen aufgezeigt werden, die der Staatengesellschaft für eine derartige Verrechtlichung, bzw. nicht-rechtliche Normierung von VBM zur Verfügung stehen (III. 3). Danach soll dargestellt werden, wie sich das VBM-Konzept grundsätzlich in das System des allgemeinen Völkerrechts einfügt, bzw. geprüft werden, inwieweit das VBM-Konzept eine normative Grundlage im geltenden allgemeinen Völkerrecht findet (IV.). Im Anschluß daran (V.) soll, in gewisser Hinsicht mit umgekehrter Blickrichtung, gefragt werden, inwieweit die Praktizierung bestimmter VBM ihrerseits zur Konkretisierung und weiteren Ausgestaltung existierender allgemeiner Völkerrechtsprinzipien beitragen könnte — wie erinnerlich, hatte die VN-Expertenstudie ja die Auffassung vertreten, daß die Durchführung jeder spezifischen VBM dazu beitrage, die allgemeinen Völkerrechtsprinzipien, wie sie etwa in der SVN, in der „Friendly Relations"-Deklaration der VN-Generalversammlung oder in ähnlichen Instrumenten, niedergelegt seien, in der durch den Charakter der betreffenden VBM näher bezeichneten Hinsicht „in konkrete Aktion zu übersetzen", zu konkretisieren[18]; bzw. es soll die Frage gestellt werden, inwieweit sich aus der Praktizierung bestimmter VBM mit der Zeit nicht auch völlig neue, eigenständige Prinzipien entwickeln ließen. Danach gilt es, näher die Schranken zu beleuchten, die das geltende Völkerrecht den Staaten bei der Vereinbarung und Durchführung von VBM setzt (VI.).[19] Dem folgt eine kurze Erörterung der Problematik „Verifikation von VBM" aus völkerrechtlicher Sicht (VII.). Das folgende Kapitel (VIII.) beschäftigt sich im wesentlichen mit der Frage, auf welche Weise sich ggfs. Erkenntnisse und Grundsätze, die wir im Zuge der vorliegenden Erörterung militärischer VBM — auf die die vorliegende Studie sich

[17] Study (Anm. 10), § 93.

[18] Study (Anm. 10), § 90.

[19] Die VN-Expertenstudie formuliert die Fragestellung so, daß Staaten jede in einem gegebenen Vertrauensbildungsprozeß vorgeschlagene VBM vor dem Hintergrund einschlägiger Völkerrechtsnormen „bewerten" könnten (vgl. ibid.).

konzentrieren will, was im folgenden gleich noch begründet werden soll — ermitteln werden, auf andere Politikbereiche, etwa den der internationalen Wirtschaftsbeziehungen („nicht-militärische VBM") übertragen ließen. Schließlich ist auf die beiden eingangs erwähnten Initiativen, die auf diplomatischer Ebene jüngst zur Weiterentwicklung der völkerrechtlichen Aspekte des VBM-Konzepts ergriffen worden sind, nämlich die Verhaltenskodex- und die Richtlinien-Initiative, einzugehen. Hier soll — auf der Grundlage der vorangegangenen theoretischen Erörterungen — in erster Linie diskutiert werden, welche inhaltliche Gestaltung dieser beiden anvisierten Instrumente sich aus völkerrechtlicher Sicht denken läßt bzw. empfiehlt (IX.). Bevor jedoch in die Erörterung der verschiedenen rechtlichen Fragestellungen eingetreten werden kann, erweist es sich als notwendig, noch einige Sätze zum VBM-Konzept selbst, insbesondere zum VBM-Begriff, wie er vorliegender Studie im folgenden zugrunde liegen soll, zu sagen (II.).

II. Zum VBM-Konzept

1. Das VBM-Konzept der KSZE-Schlußakte

In der KSZE-Schlußakte waren an VBM — in jeweils abgestufter Verbindlichkeit[20] — vereinbart worden: die vorherige Ankündigung gewisser militärischer Manöver, der Austausch von Manöverbeobachtern, die vorherige Ankündigung bestimmter sonstiger militärischer Bewegungen, sowie — als Beispiel für „andere vertrauensbildende Maßnahmen" — der Austausch von militärischem Personal, einschließlich Besuchen von Militärdelegationen.[21] Das wesentliche Charakteristikum dieser Maßnahmen ist, daß sie allesamt dazu beitragen sollen, den beteiligten Staaten die Möglichkeit zu geben, sich mehr Information über bestimmte Bereiche des Militärs und militärischer Aktivitäten der jeweiligen Mitunterzeichnerstaaten zu verschaffen. Aufgrund dieser Informationsgewinnung sollen die betreffenden Staaten in die Lage versetzt werden, ihr Wissen über bestimmte militärische Gegebenheiten auf seiten der jeweils anderen Partner der VBM-Vereinbarung zu erhöhen, sollen die betreffenden militärischen Verhältnisse „transparenter" gemacht werden.[22] Dieses Wissen, diese Transparenz sollen das gegenseitige Ver-

[20] Unabhängig davon, wie man die Frage nach der völkerrechtlichen Verbindlichkeit der KSZE-Schlußakte als solcher beantwortet (vgl. dazu die oben in Anm. 1 genannte Literatur), ist in bezug auf die konkret vereinbarten VBM insofern eine jeweils unterschiedliche Verbindlichkeit festzustellen, als die KSZE-Teilnehmerstaaten die einzelnen VBM-Vereinbarungen in unterschiedlich verbindliche Formulierungen gekleidet haben: So haben sie einerseits vereinbart, daß sie bestimmte größere Manöver den jeweils anderen Teilnehmerstaaten ankündigen „werden", sie andererseits „andere" (nämlich kleinere) Manöver ankündigen „können", sie ferner „freiwillig und auf bilateraler Grundlage" andere Teilnehmer zur Entsendung militärischer Manöverbeobachter einladen „werden", sie des weiteren „nach eigenem Ermessen" größere militärische Bewegungen ankündigen „können", und sie schließlich den Austausch militärischen Personals „fördern werden".

[21] Zu Einzelheiten vgl. noch einmal oben Anm. 2.

[22] Es kann nicht Aufgabe dieser Studie sein, ausführlich auf Konzept und (potentielle wie aktuelle) Wirkungsweise von VBM einzugehen. Für die Zwecke vorliegender Studie muß es genügen, das VBM-Konzept im folgenden in lediglich abrißhafter Weise darzustellen. Ausführlicher zum Folgenden *Erwin Müller*, Vertrauensbildende Maßnahmen. Chancen und Probleme eines sicherheitspolitischen Konzepts, in: *Dieter S. Lutz / Erwin Müller* (Hrsg.), Vertrauensbildende Maßnahmen. Zur Theorie und Praxis einer sicherheitspolitischen Strategie, Baden-Baden 1982, 67—127; *Heinz Vetschera*, Vertrauensbildende Maßnahmen. Ein sicherheitspolitisches Instrument, in: Österreichische Militärische Zeitschrift 1977, 23—27; *Dieter Mahncke*, Vertrauen in der internationalen Politik. Politikwissenschaftliche Aspekte, in: *Simma / Blenk-Knocke* (Anm. 2), 277—297; *Heisenberg* (Anm. 2); *Schütz* (Anm. 2), m. w. N. Vgl. auch Study (Anm. 10), insb. Abschnitte III. („The Concept..."), IV. („Evolution of Confidence-Building Measures") und VI. („Approach").

ständnis zwischen den betreffenden Staaten fördern, d. h. die Staaten sollen in die Lage versetzt werden, das Verhalten, die Kapazitäten etc. der anderen Staaten „richtig" zu verstehen, zu deuten, einzuordnen und diesbezügliche Mißverständnisse und Fehleinschätzungen zu vermeiden (wobei es nach dem Verständnis der KSZE-Schlußakte selbstredend immer darum geht, sich über das defensive, jedenfalls nicht bedrohliche Verhalten usw. der jeweils anderen Staaten „klar" zu werden). Das Verhalten der betreffenden Staaten soll damit in der Folge berechenbarer, voraussehbarer, gemacht werden. In diesem Sinne sollen die Staaten (ihre Führungseliten, ihre Bevölkerungen) in die Lage versetzt werden, eine bestimmte Erwartenshaltung in bezug auf das Verhalten der anderen Staaten („Vertrauen") aufzubauen. Vertrauen ist dann in diesem Zusammenhang zu definieren als die Bereitschaft eines Akteurs, von einer bestimmten Handlungsweise oder einem bestimmten Handlungsrahmen eines anderen Akteurs auszugehen; nur mehr bestimmte Handlungsweisen / -optionen werden in Rechnung gestellt, bestimmte andere ausgeschlossen. Durch diesen Ausschluß bestimmter Handlungsweisen / -optionen wird, in den Worten Niklas Luhmanns, eine gewisse „Reduktion von Komplexität" geleistet.[23] Hierdurch werde eine Stabilisierung der Beziehungen der betreffenden Staaten bewirkt. Und zwar zunächst in allgemeiner Hinsicht in dem Sinne, daß die Beziehungen der betreffenden Akteure in Zukunft generell auf „geregelterer", „regelmäßigerer" und damit stabilerer Basis stattfinden. Zum anderen aber in besonderer Weise auch im Hinblick auf etwaige Krisensituationen („Krisenstabilität"); dies in dem Sinne, daß ein Staat in einer etwaig bestehenden Krisensituation — wenn er aufgrund seines diesbezüglichen Wissens darauf „vertraut", daß ein bestimmtes Verhalten eines anderen Staates nicht bedrohlich ist — seinerseits gewisse Maßnahmen unterlassen kann, die ein Eskalieren der Situation in höhere Spannungszonen und damit eine Destabilisierung der Beziehungen bewirken könnte. Stabilität erhöht solcherart in der Folge das Maß an Sicherheit zwischen den betreffenden Staaten; dies wiederum diene letztlich allgemein dem Frieden (i. S. von Nicht-Krieg).[24]

Allerdings ist an dieser Stelle daran zu erinnern, daß es ebenfalls ein Charakteristikum derartiger Vertrauensbildung ist, daß das Vertrauen jeweils nicht auf vollständiges Wissen über die anderen Akteure gegründet ist (dann würde nämlich Gewißheit vorliegen, und Vertrauen im oben definierten Sinne wäre nicht nötig), sondern vielmehr — qua

[23] *Niklas Luhmann*, Vertrauen. Ein Mechanismus der Reduktion sozialer Komplexität, Stuttgart 1973.

[24] Siehe zu dieser auch in der KSZE-Schlußakte genannten Kette von Zielen der VBM zusammenfassend *Vetschera* (Anm. 22), 24, sowie *Schütz* (Anm. 2), 1303 f.

definitione — ein gewisses Maß an Nicht-Wissen bestehen bleibt.[25] Aufgrund dieses verbleibenden Restes von Nicht-Wissen trägt der „Vertrauende" immer das Risiko, daß sein Vertrauen getäuscht wird, indem der andere Akteur sich nicht so verhält, wie jener Vertrauende dies angenommen hatte, bzw. geglaubt hatte, aufgrund der ihm zur Verfügung stehenden Informationen annehmen zu können. Dabei hat der andere Akteur jeweils auch immer die Möglichkeit, den Vertrauenden bewußt zu täuschen, indem er ihm Informationen zuspielt, welche bei diesem eine bestimmte Erwartenshaltung wecken sollen, die aufgrund der realen Verhältnisse nicht gerechtfertigt ist. Insofern wohnt dem Verhalten aufgrund von Vertrauen — mit dem Risiko der (Ent-)Täuschung — also auch das Risiko des Schadens für den Vertrauenden inne.[26]

Als weitere Funktion von VBM wird im gegebenen Zusammenhang gelegentlich die der „Klimaverbesserung" genannt[27]: Dadurch, daß Staaten bereit seien, mit anderen Staaten Vereinbarungen über VBM zu schließen und in der Folge auch die diesbezügliche Praxis in für die beteiligten Partner zufriedenstellender Weise verlaufe, werde das Klima zwischen den betreffenden Staaten derart verbessert, das „Vertrauen" zwischen ihnen derart gestärkt, daß von dieser so gewonnenen Basis erhöhten „Vertrauens" in der Folge weiter fortgeschritten werden könnte zu weiteren, u. U. auch weiter reichenden Vereinbarungen zwischen diesen Staaten, wie etwa Vereinbarungen über substantielle Beschränkungen der Rüstungen und / oder Streitkräfte. Abgesehen jedoch von den Fragen der Begründetheit sowie der Praxisrelevanz der eben referierten Ansicht, die hier nicht diskutiert zu werden brauchen[28], sollte im Zusammenhang mit dieser Funktionsbeschreibung von VBM beachtet werden, daß hier offensichtlich ein anderer Vertrauensbegriff zugrundeliegt als derjenige, der oben als für die VBM der KSZE-Schlußakte konstitutiv festgestellt worden war. Handelte es sich dort um einen mehr „objektiven" Vertrauensbegriff, in dessen Rahmen „Vertrauensbildung" als etwas „Objektives", im Bereich des Faktischen Angesiedeltes (nämlich als der Erwerb konkreter Information, konkreten Wissens) verstanden wird, wird in der hier dargestellten Funktionsbeschreibung von VBM „Vertrauen" in einem mehr „subjektiven" Sinn, Vertrauen als ein emotionaler Zustand begriffen.[29]

---

[25] Wobei der Vertrauende in der Regel selbstverständlich versuchen wird, dieses Maß an Nicht-Wissen durch weiteren Wissenserwerb zu verringern und sich dem Ideal der Gewißheit so weit wie möglich anzunähern.

[26] Vgl. ausführlicher dazu *Mahncke* (Anm. 22), 282 ff.

[27] Vgl. dazu *Heisenberg* (Anm. 2), 300.

[28] Siehe dazu *Heisenberg* (Anm. 2), 301, 308 f.

[29] Wobei selbstverständlich nicht zu verkennen ist, daß letztlich auch das Vertrauen im „objektiven" Sinne, das aufgrund „objektiven" Wissenserwerbs entwickelte Vertrauen, als eine bestimmte Perzeption der Wirklichkeit seine Grundlage in der Psyche der betroffenen Menschen hat.

2. Die Weiterentwicklung des ursprünglichen VBM-Konzepts der KSZE-Schlußakte

Stellte der ursprüngliche VBM-Katalog der KSZE-Schlußakte, bei aller Komplexität der einzelnen Maßnahmen an sich, durchaus noch ein relativ homogenes und von der Konzeption her einheitliches Maßnahmenbündel dar (bei allen im einzelnen vereinbarten VBM handelte es sich um Maßnahmen, die die Gewinnung von Information über militärische Angelegenheiten zum Ziele hatten), so hat das VBM-Konzept in der Folge, etwa im weiteren KSZE-Prozeß oder aber auch im Rahmen der Erörterungen in den VN, eine beträchtliche Ausweitung erfahren. Vielfältigste Maßnahmen wurden als VBM ins Gespräch gebracht.[30] Zwar spielten Maßnahmen zur Informationsgewinnung in militärischen Angelegenheiten nach wie vor eine große Rolle.[31] In einem gewissen Konnex dazu stehen auch noch die als VBM vorgeschlagenen Maßnahmen der Kommunikation und Informationsübermittlung in Krisenzeiten wie z. B. die Einrichtung „heißer Drähte": Zwar geht es bei diesen Maßnahmen in erster Linie um die *Übermittlung* von Information. Jeder Akt der Informationsübermittlung stellt sich aber — zumindest für den Empfänger der Nachricht — auch als ein Akt des Erwerbs von Information dar. Insofern ist also die Bezeichnung solcher Maßnahmen der Krisenkommunikation als „VBM" durchaus noch vertretbar.

Sämtliche andere, im Prozeß der weiteren Entwicklung des VBM-Konzepts vorgeschlagene Maßnahmen jedoch gehen weit über das ursprüngliche VBM-Konzept der KSZE-Schlußakte hinaus, sprengen seinen Rahmen. So wurden zum einen Maßnahmen vorgeschlagen, die auf die tatsächliche Beschränkung von Militärapparaten abzielen, und zwar zum einen auf die Beschränkung der operationellen Verfügbarkeit dieser Militärapparate, zum anderen aber darüber hinaus sogar auf die Beschränkung der Substanz der Militärapparate. Hierunter zählen einerseits etwa Maßnahmen wie der *Verzicht* auf bestimmte Manöver bzw. Truppenbewegungen, z. B. in Grenznähe, in Krisengebieten bzw. Krisenzeiten, die zahlenmäßige Begrenzung von Manövertruppen, die Einrich-

---

[30] Vgl. die Übersicht bei *Schütz* (Anm. 2), 1293 ff.

[31] An neuen transparenzfördernden VBM wurde dabei etwa vorgeschlagen die Offenlegung von Militärbudgets, die Vereinbarung einer Luft- oder Satellitenbeobachtung, die Einrichtung von Beobachtungsposten an geographisch wichtigen Punkten (z. B. Häfen, Flughäfen, Bahnhöfen), die Information über Truppenstärken, -strukturen oder -dislozierungen, die Information über die Bestände an bestimmten Waffen (z. B. C-Waffen) oder die Information über Rüstungsprogramme und militärische Planungen allgemein. Auch hierzu gilt aber, was oben schon bzgl. der VBM der KSZE-Schlußakte gesagt worden ist, nämlich, daß es sich bei den wenigsten der hier vorgeschlagenen VBM um genuin neuartige Ideen handelt. Vielmehr sind die meisten von ihnen schon weitaus früher, wenn auch in anderen Kontexten, zur Sprache gebracht worden. Vgl. oben Anm. 2.

tung militärisch verdünnter (Puffer-) Zonen, usw.; andererseits Maßnahmen wie der Verzicht auf bestimmte Waffen (z. B. C-Waffen), das Einfrieren oder gar die Reduzierung von Militärbudgets, Streitkräften und Rüstungen, usw.[32] Bei diesen Maßnahmen — sie werden gelegentlich auch als „constraints", „Security-Building Measures / Sicherheitsbildende Maßnahmen (SBM)", als „objective Confidence-Building Measures . . . which bite"[33] bezeichnet — geht es also nicht mehr nur um die Gewinnung von Information zur weiteren Erhöhung der Sicherheit der Staaten, sondern vielmehr um die Schaffung der realen Voraussetzungen der Sicherheit der Staaten, bzw. etwaigen Vertrauens (im oben definierten Sinne) zwischen den Staaten, wobei es hier primär um die Beschneidung von Offensivpotentialen geht sowie insbesondere der sicherlich auch schon den Maßnahmen zur Informationsgewinnung in gewisser Weise zugrundeliegende Gedanke zunehmende Bedeutung erlangt, durch derartige Maßnahmen die Chancen für einen Überraschungsangriff zu mindern.

Als VBM vorgeschlagen wurden aber darüber hinausgehend Maßnahmen, die nicht nur den Rahmen des ursprünglichen KSZE-Konzepts für VBM überschritten, sich ansonsten aber weiterhin im Bereich des Militärischen bewegten, wie dies bei den im Vorstehenden genannten Maßnahmen der Fall war, sondern auch Maßnahmen, die diesen eigentlichen Bereich des Militärischen verließen und „Vertrauen" durch staatliches Tätigwerden in nicht-militärischen Gefilden, etwa dem ökonomischen Bereich, bewirken sollen. Dazu zählen Vorschläge wie der der Zusammenarbeit zur Errichtung einer neuen Weltwirtschaftsordnung oder der der Durchführung gemeinsamer, grenzüberschreitender Entwicklungsprojekte.[34]

Schließlich wurden als VBM auch Maßnahmen vorgeschlagen, bei denen es nicht darum geht, einen bestimmten realen Zustand herzustellen, aufgrund dessen dann Vertrauen zwischen den Beteiligten hergestellt werden sollte, sondern die, rein auf atmosphärische Wirkung abstellend, „Vertrauen" aufgrund deklaratorischer Akte bewirken sollen. Als Beispiel wäre hier der Vorschlag des Austausches von Gewaltverzichtserklärungen zwischen bestimmten Staaten oder der Abschluß von Nichtangriffsverträgen zu nennen.[35]

Aufgrund der im Laufe der Zeit in der diplomatischen Praxis vorgebrachten Vorschläge für VBM läßt sich zusammenfassend folgende VBM-

---

[32] Wie Anm. 30.

[33] So *Jonathan Alford*, Confidence-Building Measures in Europe: The Military Aspects, in: *ders.* (Hrsg.), The Future of Arms Control, Part III: Confidence-Building Measures, London 1979 (Adelphi Papers, No. 149), 4—13 (6).

[34] Wie Anm. 30.

[35] Wie Anm. 30.

Typologie erstellen:

1. Militärische VBM[36]
   a) Transparenzfördernde VBM
      aa) Transparenzfördernde VBM i. e. S.
      bb) Maßnahmen der Krisenkommunikation
   b) Restriktive V(S)BM[37]

---

[36] Dieses Schema lehnt sich in gewisser Weise an das von *Müller* (Anm. 22), 78, entwickelte Schema an. Allerdings ziehen wir für die im folgenden unter lit. b, sub-lit. aa) eingereihten VBM die Bezeichnung „operationell-restriktive V(S)BM" der von Müller dafür gewählten Bezeichnung „intentionale" Restriktionen vor, da die unter diesen beiden Rubriken geführten Maßnahmen ja nicht die „Absichten" der betreffenden Akteure beschränken (sofern derartiges überhaupt möglich ist), sondern in Wirklichkeit deren operationelle Handlungsspielräume. Wenn überhaupt, könnte man den Begriff der „intentionalen" Restriktion ggf. der Kategorie der „deklaratorischen" VBM zuordnen, wobei wir aber in jedem Fall — anders als Müller, der diese „deklaratorischen" VBM unter die Oberkategorie der Restriktionen subsumiert — die „deklaratorischen VBM" aus der Gruppe der „restriktiven" VBM aussondern wollen, da sie ja real nichts „restringieren", beschränken, und sie — bei allem Zögern, sie überhaupt als VBM im hier gefragten Sinn zu bezeichnen — als eigene Klasse ausweisen wollen.

In diesem letzteren Zusammenhang soll im übrigen auch angemerkt werden, daß wir die Errichtung einer kernwaffenfreien Zone nicht als operationell-restriktive V(S)BM ansehen. Dies findet seine Begründung darin, daß wir nicht der Auffassung sind, daß die Errichtung einer solchen Zone wirklich einen „constraint" für die betroffenen Kernwaffenmächte darstellt, bzw. dadurch die Sicherheit der eventuell betroffenen Nichtkernwaffenstaaten real erhöht würde. Allein die Tatsache, daß eine bestimmte Zone von Kernwaffen geräumt wird, bedeutet ja noch nicht, daß letztlich keine Kernwaffen von außen in diese kernwaffenfreie Zone gelenkt würden, solange solche Waffen außerhalb der Zone noch verfügbar blieben. Eine wirkliche Garantie, daß ein Kernwaffenangriff auf eine kernwaffenfreie Zone unterbleiben würde, wäre die Abschaffung aller Kernwaffen, d. h. auch der Kernwaffen, die außerhalb der „kernwaffenfreien Zone" noch vorhanden wären, in umfassender Weise. Was letztlich zur Sicherung einer „kernwaffenfreien Zone" erforderlich wäre, wäre die Errichtung einer globalen kernwaffenfreien Zone! Sicherlich ein Paradoxon. Angesichts dieses Befundes würden wir der Errichtung einer (beschränkten) kernwaffenfreien Zone (z. B. in Mitteleuropa, in Skandinavien, usw.) lediglich deklaratorischen Wert zumessen und sie allenfalls als „deklaratorische VBM" gelten lassen.

[37] Wir werden die im bisherigen VBM-Prozeß ins Gespräch gebrachten Maßnahmen restriktiver Natur im folgenden — zur besseren Unterscheidung von den ursprünglichen transparenzfördernden VBM —, dabei auf ihre Primärfunktion der Herstellung/Erhöhung von (militärischer) Sicherheit abstellend, als „Vertrauensbildende (Sicherheitsbildende) Maßnahmen" / „V(S)BM" bezeichnen. Zwar wären sie konsequenterweise eigentlich schlicht als „SBM" zu bezeichnen, hätte der Bezug zu „Vertrauensbildung" also völlig wegzufallen, da sie „Vertrauen" im oben definierten Sinn ja nicht herstellen. Aufgrund der eingefahrenen Praxis in Diplomatie und Wissenschaft aber, die diese restriktiven V(S)BM weiterhin unter „VBM" firmieren läßt, wurde der oben dargestellte Kompromiß „V(S)BM" gewählt. Damit ist einerseits der Bezug zum gängigen Sprachgebrauch („VBM"), andererseits der Bezug zur eigentlichen Funktion dieser Maßnahmen („SBM") gewahrt worden. Zum anderen soll aber hier noch einmal daran erinnert werden — ausführlicher dazu oben S. 18 f. —, daß die transparenzfördernden VBM ihrerseits, wenn auch nicht unmittelbar, so doch mittelbar, ebenfalls die Funktion der Herstellung/Erhöhung von Sicherheit haben.

aa) Operationelle V(S)BM

bb) Substantielle V(S)BM

c) Deklaratorische VBM

2. Nichtmilitärische (z. B. ökonomische) VBM[38]

Angesichts der nun zu Tage tretenden Spannweite, die das VBM-Konzept aufgrund der Staatenpraxis der letzten Jahre erreicht hat, stellt sich jedoch die Frage, ob damit nicht des Guten zu viel getan und das VBM-Konzept nicht überfrachtet worden ist. Bedenken ergeben sich zunächst unter analytischen Gesichtspunkten: Welche Abgrenzungsfunktion kann der Begriff „VBM" noch haben, wenn er — unter Einbezug auch der zahlreichen, für den ökonomischen bzw. allgemein-politischen Bereich vorgeschlagenen Maßnahmen — so praktisch *jede* nur mögliche Maßnahme als VBM begreift? Darüber hinaus ergeben sich aber auch unter praktischen Gesichtspunkten Bedenken. Abgesehen von der Gefahr der Inflationierung des Begriffs „VBM" in der politischen Praxis erwachsen aufgrund der Überfrachtung des Begriffs und damit des Konzepts der VBM Probleme auch im Hinblick auf die praktisch-politische Um- und Durchsetzung des Konzepts. Durch die Aufnahme derart weitreichender und anspruchsvoller Vorschläge wie etwa den der Beschränkung der militärischen Kapazitäten der Staaten wird das VBM-Konzept auch mit all denjenigen politischen Unwägbarkeiten, die mit derart weitreichenden Unternehmen normalerweise verbunden sind, belastet. Gerade mit den eben als Beispiel angeführten Vorschlägen wurde das VBM-Konzept ja faktisch um das gesamte herkömmliche Konzept der Rüstungsbeschränkung erweitert. Hier werden Maßnahmen als Ziele von VBM-Vereinbarungen postuliert, über die sich die Staatengesellschaft bisweilen schon Jahrzehnte lang (oder noch länger) den Kopf zerbricht, ohne bisher allerdings zu sehr vielen konkreten Ergebnissen gelangt zu sein (Beispiel: Truppenreduzierung). Ähnliche Kritik gilt, in vielleicht noch größerem Maße, für jene Vorschläge, die als VBM Maßnahmen aus dem allgemein-politischen oder wirtschaftlichen Bereich vorsehen. Es fragt sich daher in der Tat, ob mit dieser Erweiterung des VBM-Konzepts diesem wirklich gedient ist oder ob es nicht vernünftiger wäre, hier eine Beschränkung vorzunehmen.[39] Zwar kann aufgrund der fortgeschrittenen Entwicklung des Konzepts in der politischen Praxis realistischerweise wohl nicht mehr erwartet werden, daß das VBM-

[38] Hier ist darauf hinzuweisen, daß auch bei den „nicht-militärischen VBM" wiederum eine Unterteilung in jeweils transparenzfördernde bzw. restriktive (sowie deklaratorische) Maßnahmen vorgenommen werden kann.

[39] Kritisch hierzu und für begriffliche und konzeptionelle Beschränkung plädierend etwa auch *Müller* (Anm. 22), 69, 75; *Wolfgang Röhr*, Vertrauensbildende Maßnahmen in den Vereinten Nationen — Eine Initiative der Bundesrepublik Deutschland, in: *Lutz / Müller* (Anm. 22), 169—183 (173); *Harald Lange / Wolfgang Schwarz*, Zur Bedeutung vertrauensbildender Maßnahmen, ibid., 129—143 (141).

Konzept völlig zurückgeschraubt würde und unter „VBM" in Zukunft nur mehr Maßnahmen des ursprünglichen VBM-Konzepts (d. h. transparenzfördernde VBM i.e.S.) behandelt würden — was für das Konzept, zumindest unter theoretisch-analytischen Gesichtspunkten, sicherlich das beste wäre. Auf alle Fälle aber sollte das Konzept in Zukunft in differenzierter Form angegangen und angewendet werden. In diesem Sinne sollte zumindest — auch begrifflich — klar zwischen den verschiedenen Arten von „VBM" unterschieden und in der Folge die Unterschiedlichkeit ihrer jeweiligen Wirkungsbedingungen in Rechnung gestellt werden. Für die praktisch-politische Beschäftigung mit VBM würde diese Empfehlung bedeuten, daß die Staaten — sich der Unterschiedlichkeit der einzelnen VBM ständig bewußt — zur Verwirklichung bestimmter Arten von VBM nur zu bestimmten Zeiten, nämlich wenn die Voraussetzungen für das Wirksamwerden dieser VBM gegeben sind, schreiten und zu anderen, vielleicht anspruchsvolleren VBM erst übergehen, wenn die Voraussetzungen dafür gegeben sind.

3. Das VBM-Konzept der VN-Expertenstudie

Die VN-Expertenstudie ist im Hinblick auf die ihr zugrundeliegende VBM-Konzeption ambivalent.[40] So will sie sich einerseits gleich zu Beginn, bei gleichzeitiger (wohl richtiger) Anerkenntnis, daß internationales Vertrauen nicht ausschließlich mittels militärischer VBM herzustellen sei, grundsätzlich auf die weitere Untersuchung ausschließlich militärischer VBM beschränken.[41] Andererseits führt sie zum Schluß wiederum eine Reihe von (in den Antwortbögen, die die Staaten auf Ersuchen des VN-Generalsekretärs zur Unterstützung der Arbeit der Expertengruppe angefertigt und dem Generalsekretär zugeleitet hatten[42], enthalten gewesenen) „VBM" wirtschaftlicher oder allgemein-politischer Natur an, welche Staaten, falls sie an dieser Art von VBM interessiert wären, weiter überdenken könnten.[43] Die Gründe für diesen Einbezug auch von allgemein-politischen, wirtschaftlichen u. ä. Maßnahmen in die VN-Expertenstudie sind bekannt: Sie liegen im Interesse insbesondere der Staaten der Dritten Welt an dieser Art von Maßnahmen, für die Probleme der militärischen Vertrauensbildung oft nur am Rande, z. B. wirtschaftliche Probleme aber im Zentrum ihrer Besorgnisse liegen. Die — zumindest rudimentäre — Aufnahme auch von Maßnahmen allgemeinpolitischer bzw. wirtschaftlicher Art in den Fokus der VN-Expertenstudie war dann offensichtlich der „Preis", der zu zahlen war, damit die

---

[40] So auch *Falk Bomsdorf*, Offensive der Vertrauensbildung in den Vereinten Nationen, in: Außenpolitik 1982, 385—405 (388, 390).

[41] Study (Anm. 10), § 15; nochmals bekräftigend § 136.

[42] Vgl. dazu noch einmal oben bei Anm. 7 und 8.

[43] Study (Anm. 10), § 136.

Studie überhaupt zustandekam.[44] Gleichwohl wird hier die Kritik aufrechterhalten, die oben — insbesondere auch bezogen auf Maßnahmen allgemein-politischer bzw. wirtschaftlicher Art — an der Ausdehnung des VBM-Konzepts angebracht worden war. Eine diesbezügliche Beschränkung des VBM-Konzepts und ein Ausscheiden der Maßnahmen des allgemeinen und wirtschaftlichen Politikbereichs aus dem Konzept und ihre anderweitige Erörterung erscheint uns nach wie vor besser, zumal die betreffenden Politikbereiche jeweils ihre Eigengesetzlichkeiten haben, die eine gesonderte Behandlung erforderlich machen dürften. Einen weiterführenden Lösungsansatz zeigt u. E. die VN-Expertenstudie selbst auf: In ihrem § 23 spricht sie die Hoffnung aus, daß die VN, gestützt auch auf die Ergebnisse der Studie selbst, in der Lage sein werden, ihren Ausblick zu erweitern und nicht-militärischen Ansätzen der Vertrauensbildung größere Beachtung zu schenken. Man könnte diese Aussage nun aber durchaus so interpretieren, daß daran gedacht wird, eine eigene Studiengruppe z. B. für „wirtschaftliche VBM" einzusetzen, die angemessene Lösungsvorschläge für diesen Bereich ausarbeiten könnte. Damit wäre einerseits den Bedürfnissen der an diesen Maßnahmen interessierten Staaten gedient; andererseits würde so auch der Bereich der militärischen VBM von zusätzlichen Schwierigkeiten befreit und eine konzentrierte Weiterentwicklung dieses Themenkomplexes ermöglicht.

In ihrer weiteren Beschäftigung mit VBM setzt die Studie in der Folge aber ihren Schwerpunkt doch bei militärischen VBM und differenziert in ihrem 3. Abschnitt („The Concept of Confidence-Building Measures") im Unterabschnitt „Objectives" auch relativ genau zwischen den verschiedenen Arten militärischer VBM, insbesondere zwischen „transparenzfördernden" und „operationell-restriktiven". Deren jeweilige Andersartigkeit wird deutlich angezeigt und der wesentliche Unterschied zwischen jenen beiden Arten von VBM gut herausgearbeitet.[45] „Substantiell-restriktive" V(S)BM bleiben an der angegebenen Stelle der Studie überhaupt außer Betracht. Diese insoweit doch klare Linie wird im folgenden jedoch in gewissem Maß wieder verwischt, wenn in der in Abschnitt 7 zusammengestellten illustrativen Liste etwaiger militärischer VBM die verschiedenen Arten militärischer VBM bunt gemischt aufscheinen, ohne daß zumindest eine kategoriale Grobeinteilung vorgenommen würde.[46]

---

[44] Siehe dazu *Röhr* (Anm. 39), 174 f.

[45] Study (Anm. 10), §§ 25 ff. Dabei werden deutlich voneinander abgehoben in §§ 25—34 die transparenzfördernden VBM, in § 35 die operationell-restriktiven V(S)BM behandelt.

[46] Vgl. Study (Anm. 10), § 128. Im übrigen stellt wohl auch die dort unter lit. b) genannte Beschränkung von Militärbudgets einen „constraint" (lit. h) dar; insofern hätte diese Maßnahme deshalb auch etwa als neue Ziff. (iii) unter lit. h) subsumiert gehört. Zudem stellt diese Maßnahme auch noch eine *substantiell*-restriktive V(S)BM dar!

Hier ergibt sich für die Expertenstudie also noch ein gewisser systematischer Nachholbedarf.

Ein ziemlich eindeutiges Urteil spricht die Studie dagegen über „deklaratorische VBM" aus. Im einzelnen heißt es dazu: „[W]eder Absichtserklärungen noch eine Wiederholung allgemein anerkannter Grundsätze noch bloße Versprechungen eines bestimmten Verhaltens in der Zukunft . . . [genügen] den Anforderungen . . ., die gestellt werden müssen, wenn vermeintliche Bedrohungen und Verdachtsmomente ausgeräumt werden sollen. Vertrauen kann nur auf konkrete Handlungen gegründet werden, die sich prüfen und bewerten lassen."[47] Und weiter: „Wesentlich ist, daß Absichtserklärungen und Verlautbarungen, die an und für sich keine Verpflichtung zur Anwendung konkreter, spezifischer und bewertbarer Maßnahmen enthalten . . ., Folgemaßnahmen nach sich ziehen und durch Verhandlungen über eindeutig definierte, anwendbare Maßnahmen oder politische Entscheidungen konkreter gestaltet werden . . . In diesem Zusammenhang dürfte klar sein, daß Erklärungen stets durch geeignete konkrete Maßnahmen in die Tat umgesetzt oder ergänzt werden müssen, sollen sie einen dauerhaften vertrauensbildenden Wert haben. Anderenfalls besteht die Gefahr, daß der Prozeß illusorisch wird, wenn nicht gar gegenteilige Wirkung entfaltet."[48]

4. Eingrenzung des VBM-Konzepts in vorliegender Studie

Für den weiteren Gang der vorliegenden Untersuchung soll eine gewisse Einschränkung des Verständnisses von „VBM" vorgenommen werden: Zunächst will sich die Studie schwerpunktmäßig nur mit militärischen VBM beschäftigen. „Nicht-militärische VBM" werden demnach aus dem weiteren Gang der Untersuchung ausgegrenzt. Die Eigentümlichkeiten und konkreten Implikationen dieser beiden Bereiche dürften so unterschiedlich sein, daß sich ihre Trennung für die Analyse empfiehlt. Eine solche Ausgrenzung entspricht darüberhinaus auch der weiter oben geäußerten Kritik an der Überfrachtung des VBM-Begriffs bzw. -Konzeptes. Gleichwohl soll unten (VIII.) noch einmal auf den jetzt ausgegrenzten Komplex der „nicht-militärischen VBM" zurückgekommen werden, und zwar insoweit, als zumindest kursorisch aufgezeigt werden soll, inwiefern sich im Zuge der Diskussion der völkerrechtlichen Aspekte militärischer VBM gewonnene Erkenntnisse ansatzweise eventuell auch für Problemlagen im Bereich der nicht-militärischen Beziehungen (z. B. im Bereich der internationalen Wirtschaft) fruchtbar machen ließen.

---

[47] Study (Anm. 10), § 39; ähnlich § 115.
[48] Study (Anm. 10), § 58.

Von den militärischen VBM wiederum will die vorliegende Studie lediglich die Kategorien der „transparenzfördernden" VBM sowie der „restriktiven" V(S)BM vom Untertyp der operationellen „constraints" behandeln. Ausgegrenzt dagegen sollen hier die rein „deklaratorischen VBM" sowie die „restriktiven" V(S)BM vom Untertyp der substantiellen „constraints" werden. Letztere vor allem deswegen, weil ihre eingehende Erörterung den Rahmen dieser Studie insofern sprengen würde, als sie einer Erörterung des gesamten Komplexes der Rüstungsbeschränkung gleichkäme — sicherlich ein zu ambitiöses Unterfangen (wobei allerdings nicht übersehen werden sollte, daß auch bereits die Erörterung „bloß" der „operationell-restriktiven" V(S)BM teilweise in vergleichbare Schwierigkeitsdimensionen vorstößt). Die erstere Kategorie von VBM wiederum, die „deklaratorischen VBM", mögen hier deswegen vernachlässigt werden, weil ihre Vereinbarung und Verwirklichung einerseits wohl kaum größere konzeptionelle Probleme, auch aus völkerrechtlicher Sicht, aufwirft, sie andererseits aber auch insofern „négligeable" sein dürften, als ihr Beitrag zur realen Sicherheit von Staaten aufgrund dessen, daß sie keine konkreten Maßnahmen implizieren, allenfalls marginal sein dürfte. Auch die VN-Expertenstudie hält sie aus diesem Grund als zur Vertrauensbildung ungeeignet.

Im übrigen beschäftigt sich auch die VN-Expertenstudie ausführlicher nur mit transparenzfördernden VBM und mit operationell-restriktiven V(S)BM.

III. Zur Problematik der völkerrechtlich verbindlichen Vereinbarung von VBM

Es scheint beinahe natürlich zu sein, daß man sich zu Beginn der Erörterung des Problemkreises „VBM und Völkerrecht" die Frage stellt, inwieweit es denn — in bestimmten Fällen oder aber generell — überhaupt sinnvoll, nützlich, ggfs. wichtig, notwendig usw. ist / sein kann, den Problemkomplex „VBM" mittels rechtlicher Kategorien zu erfassen, das VBM-Konzept zu „verrechtlichen". Es wäre ja ebenso gut möglich, aufgrund unterschiedlicher Erwägungen (die wichtigsten werden unten gleich noch vorgestellt und diskutiert werden) das Völkerrecht gleich von vorneherein aus dem Bereich der VBM verbannen zu wollen, es für die Verwirklichung des VBM-Konzepts im besten Fall für unerheblich, im schlimmeren Fall aber gar für konterproduktiv zu halten. „Verrechtlichen" kann dabei mehrerlei bedeuten: Es kann einmal implizieren, daß man daran geht, das VBM-Konzept — es dabei aber in erster Linie weiterhin als genuin „politisches" Konzept begreifend, das im konkreten Vereinbarungsfall zu seiner Wirksamwerdung nicht unbedingt des Gusses in rechtlich verbindliche Formen bedarf — insofern in das System des allgemeinen Völkerrechts hineinzustellen, als dieses die normativen Rahmenbedingungen markiert, die von den Staaten bei der Verwirklichung der von ihnen vereinbarten VBM (auch wenn diese als solche nicht rechtsverbindlich vereinbart wurden) zu beachten sind. Die VN-Expertenstudie weist auf diesen Gedanken, wenn sie daran erinnert, daß die allgemeinen Grundsätze des Völkerrechts die Standards abgeben, anhand derer die Staaten konkrete VBM zu messen und zu bewerten hätten.[49] „Verrechtlichen" kann aber, in einem etwas weiter reichenden Sinn, auch bedeuten, daß Staaten darangehen, VBM auf eine (völker-)rechtlich verbindliche Weise zu vereinbaren, bei einer VBM-Vereinbarung völkerrechtlich verbindliche Verpflichtungen einzugehen. Auch diesen Gedanken spricht die VN-Expertenstudie an, wobei bemerkenswert ist, daß die Studie dieser Art von „Verrechtlichung" von VBM besonders positiv gegenübersteht, indem sie feststellt, daß „eine Vereinbarung über rechtlich verbindliche Maßnahmen [i. e. VBM] zweifellos für die Vertrauensbildung von größtem Wert ist".[50]

---

[49] Study (Anm. 10), § 164; vgl. auch §§ 165, 89 und 90.

[50] Study (Anm. 10), § 96; vgl. auch § 93.

Dieser zweite Aspekt der „Verrechtlichung" von VBM soll zunächst Gegenstand unserer Erörterung der Problematik der Verrechtlichung von VBM sein.[51] Konkret soll gefragt werden, inwieweit es sinnvoll, vielleicht sogar notwendig sein kann, daß Staaten, wenn sie VBM vereinbaren, dies auf eine völkerrechtlich verbindliche Art und Weise tun, dies VBM förderlich sein kann, bzw. umgekehrt ob und inwieweit dies für VBM eventuell nachteilig sein kann.[52] Die Erörterung wird sich dabei auf grundsätzliche Überlegungen beschränken. Im einzelnen wird so vorgegangen, daß zunächst Gründe, die grundsätzlich für eine etwaige Verrechtlichung von VBM sprechen, und danach, in einem zweiten Schritt, diejenigen Argumente, die grundsätzlich gegen eine Verrechtlichung von VBM sprechen könnten, angeführt und diskutiert werden.

1. Zum grundsätzlichen Für und Wider einer Verrechtlichung von VBM

a) Argumente für Verrechtlichung

Argumente für die Verrechtlichung von VBM beziehen ihre Stichhaltigkeit und Plausibilität zunächst vom Wert der Begründungen, die für die Verrechtlichung von Sachverhalten in allgemeiner Hinsicht ins Treffen geführt werden. So wird als ein Positivum der Verrechtlichung von sozialen Sachverhalten immer wieder angeführt, daß durch eine solche Verrechtlichung eine *erhöhte Erwartungsstabilisierung,* d. h. eine Stabilisierung der jeweiligen Erwartungen (Verhaltenserwartungen und Erwartungserwartungen) zwischen den jeweils betroffenen Akteuren geleistet werde. Diese Annahme würde zweifellos auch für die Verrechtlichung speziell von VBM gültig sein.

Diese Annahme basiert auf folgenden — hier bloß stichwortartig referierten[53] — Überlegungen zum Wesen von Recht: Recht stellt eine systemische Struktur dar. Systemische Strukturen sind Verhaltensweisen der Akteure eines Systems, die sich im Laufe der Zeit aufgrund beständiger und gleichförmiger Übung als konstante Verhaltensmuster herausgebildet haben. An sie knüpfen die betreffenden Systemakteure dann

---

[51] Wenn in diesem Kapitel im folgenden also von „Verrechtlichung" die Rede sein wird, dann ist damit jeweils die Begabung von VBM-Vereinbarungen mit völkerrechtlicher Bindungswirkung gemeint.

[52] Der zweite, im Vorgehenden angesprochene Aspekt von „Verrechtlichung" wird im Nachfolgenden, in den Kapiteln IV., V. sowie insbesondere VI. noch Gegenstand ausführlicher Erörterungen sein.

[53] Ausführlicher dazu etwa *Hans Ryffel,* Rechtssoziologie, Neuwied — Berlin 1974, 123 ff.; *Niklas Luhmann,* Rechtssoziologie, 2 Bde, Reinbek / Hamburg 1972; *ders.,* Positivität des Rechts als Voraussetzung einer modernen Gesellschaft, in: Jahrbuch für Rechtssoziologie und Rechtstheorie 1 (1970), 175—202; *ders.* (Anm. 23), passim; *Richard Münch,* Theorie sozialer Systeme, Opladen 1976, 12—62, m. w. N.

bestimmte Erwartungen (Verhaltenserwartungen, in der Folge auch Erwartungserwartungen), d. h. die Akteure gehen davon aus („vertrauen" darauf), daß die jeweils anderen Akteure ein bestimmtes, eben durch jene Strukturen definiertes Verhalten üben werden.[54] In bestimmten Fällen, wenn ein entsprechendes Bedürfnis unter den Akteuren eines Systems besteht, werden diese Akteure bestimmte Strukturen zu Sollsätzen erheben, sie „normativieren", normativ „verhärten", so daß sie in der Folge nicht mehr nur davon ausgehen können, daß ein entsprechendes Verhalten — faktisch — erfolgen wird, sondern auch — normativ gesprochen — erfolgen *soll*. In diesem Sinne sind Normen also (generelle) „gesollte Verhaltensmöglichkeiten"[55], die darüber hinaus noch insofern weiter „gehärtet" werden können, als man sie — als besonders vorzugs- und „verhärtungs"würdig — *rechtlich* normiert. Rechtsnormen sind dann eben besonders verhärtete und verbindliche Verhaltensmuster.

Hier ist nun die eingangs apostrophierte Funktion der erhöhten Erwartungsstabilisierung festzumachen: Dadurch, daß bestimmte Verhaltensweisen (in unserem Fall: durch bestimmte VBM näher bezeichnete Verhaltensweisen im militärisch-sicherheitspolitischen Bereich) im Wege der Verrechtlichung als besonders vorzugswürdig herausgegriffen und fixiert werden, werden bestimmte andere Verhaltensweisen als rechtlich nicht mehr zulässig ausgegrenzt. Die betreffenden Akteure können in der Folge im Prinzip erwarten (darauf „vertrauen"), daß ihre jeweiligen Interaktionspartner sich entsprechend jener rechtlichen Vorgabe verhalten werden; andere Verhaltensweisen brauchen sie — im Prinzip — nicht zu erwarten (wobei — die Spezifizierung „im Prinzip" soll dies andeuten — in der Praxis selbstverständlich die Möglichkeit der „Enttäuschung" jener Verhaltenserwartungen, d. h. die Möglichkeit, daß ein Akteur sich in Verletzung der betreffenden Rechtsnorm nicht an das vorgeschriebene Verhalten hält und seine Interaktionspartner ent-täuscht, bestehen bleibt — eine Eigentümlichkeit, die auch schon für das VBM-Konzept als solches festgestellt worden ist).[56] Jene „Reduktion von Komplexität"[57] bewirkt dabei eine gewisse „Entlastung" der betreffenden Akteure bei ihrer Orientierung in ihrer sozialen Umwelt und ermöglicht ihnen in der Folge eine gewisse *„Rationalisierung"* des Verhaltens: Die durch die Verrechtlichung bestimmter Verhaltensoptionen / -erwartungen bewirkte *„Rechtssicherheit"* ermöglicht es ihnen, ihre Beziehungen zu

---

[54] Bzw., im Fall der Erwartungserwartung, daß die jeweils anderen Akteure bestimmte, durch jene Strukturen definierte Erwartungen über ihr — der erstgenannten Akteure — eigenes Verhalten hegen werden.

[55] *Ryffel* (Anm. 53), 124.

[56] Vgl. dazu noch einmal oben, S. 20.

[57] Zu diesem von Luhmann geprägten, auch im hier gegebenen Zusammenhang einschlägigen Begriff vgl. noch einmal oben, S. 19.

den anderen beteiligten Akteuren als berechenbarer, kalkulierbarer, voraussehbarer aufzufassen. Hierbei wird auch der aktive, zukunftsgerichtete Aspekt von Recht als Mittel der bewußten „sozialen Steuerung" sehr deutlich. Konkret auf die etwaige Verrechtlichung bestimmter VBM bezogen, würde dies alles bedeuten, daß, zusätzlich zu den durch die VBM als solche schon erzielten Stabilisierungs-, Rationalisierungs-, Vertrauensleistungen etc. durch die Verrechtlichung jener VBM noch ein zusätzlicher Stabilisierungs-, Rationalisierungs(etc.)effekt, sozusagen eine Potenzierung der Stabilisierung, Rationalisierung, etc. bewirkt würde.

Eine weitere, gerade für unseren Zusammenhang besonders relevante Funktion der eventuellen Verrechtlichung bestimmter VBM wäre die des Außer-Streit-Stellens. Dieses *„Außer-Streit-Stellen"* kann dabei in doppeltem Sinne verstanden werden: Zum einen als Außer-Streit-Stellen in dem Sinn, daß über die betreffenden VBM — da sie ja nun als „verrechtlichte" VBM auf absehbare Zeit als unumstößlich fixiert sind — nicht mehr „Streit geführt" werden muß, die betreffenden Akteure sich über sie (über ihre etwaige Vereinbarung etc.) sozusagen keine Gedanken mehr zu machen, nicht mehr den Kopf zu zerbrechen brauchen. Dieses „Außer-Streit-Stellen" nähert sich dabei im wesentlichen der eben im Vorstehenden erörterten Funktion der Entlastung oder Rationalisierung. Außer-Streit-Stellen kann aber — und diesem Verständnis kommt u. E. im vorliegenden Zusammenhang ein besonderer Stellenwert zu — auch im Sinne einer besonderen *Legitimierung*, bzw. eben einer *Legalisierung* des betreffenden Verhaltens begriffen werden. Eine VBM, die etwa als „transparenzfördernde" VBM die Beschaffung von Information über militärische Angelegenheiten zum Gegenstand hat, wird durch ihre Verrechtlichung insofern außer Streit gestellt, als jenes Sammeln von Information nunmehr als legal erscheint, es über die grundsätzliche, nun sogar rechtliche Zulässigkeit jenes Tuns zwischen den betreffenden Akteuren keiner weiteren Diskussion mehr bedarf, bzw. in keinem Fall die andere Partei jene Informationsbeschaffung etwa als „unzulässige Einmischung in die inneren Angelegenheiten", als „Spionage" o. ä. abtun dürfte.

Hieran sind zwei weitere potentielle Argumente für die Verrechtlichung von VBM anzuschließen. Zum einen das der *Einklagbarkeit:* Wenn sich Staaten auf rechtlich verbindliche Weise zu bestimmten VBM verpflichten, können die Beteiligten, etwa bei ausbleibender oder zögerlicher Erfüllung der betreffenden Verpflichtungen durch jeweils andere Beteiligte, die Erfüllung jener Verpflichtung, sofern die diesbezüglich nötigen formalen Voraussetzungen gegeben sind, auf rechtliche Weise, d. h. mittels rechtlicher Verfahren, einklagen. Zum zweiten aber wäre bei rechtlich verbindlicher Vereinbarung von VBM den Partnern einer solchen Vereinbarung gegenüber den jeweils anderen Partnern für den Fall, daß diese die betreffende Vereinbarung verletzen, grundsätzlich die Möglichkeit an die Hand gegeben, eine solche Pflichtverletzung durch das Ergreifen einer völkerrechtlichen *Repressalie* zu ahnden.

Allerdings sind zu diesen beiden potentiellen Argumenten für eine Verrechtlichung von VBM sogleich mehrere relativierende Anmerkungen anzubringen. Zunächst zur Frage der Sanktionierung vereinbarungswidrigen Verhaltens eines Partners der Vereinbarung durch Ergreifen völkerrechtlicher Repressalien: Einmal könnte dem Sanktionsargument entgegengehalten werden, daß Staaten in vielen Fällen selbst dann, wenn sie zu einer völkerrechtlichen Repressalie berechtigt sind[58], von dieser Möglichkeit aufgrund entgegenstehender Machtverhältnisse oft gar nicht Gebrauch machen können bzw. aus anderen Gründen von dieser Möglichkeit oft auch gar nicht Gebrauch machen *wollen* (etwa um ansonsten gute Beziehungen zu jenem Staat nicht zu gefährden, zu belasten oder gar zu zerreißen). Zum zweiten aber sind durchaus Situationen vorstellbar, in denen ein Staat selbst dann, wenn gegen ihn wegen einer Verletzung einer rechtlich verbindlichen VBM-Vereinbarung vom Verletzten Repressalien ergriffen würden, er die mit der Repressalie verbundenen Nachteile für die Vorteile, die er mit jener Rechtsverletzung im gegebenen Fall erringen würde, in Kauf nimmt. Auch von hier aus wirken also Faktoren, die die Waffe „Sanktion/Repressalie" ggfs. stumpf werden lassen können. Schließlich aber erscheint für manche Fälle die Möglichkeit des Ergreifens von Repressalien insofern als nicht so wesentlich, als bei der Vereinbarung von VBM die Sanktion für die etwaige Verletzung der Vereinbarung in gewissem Maße nämlich bereits „eingebaut" ist: Wenn sich nämlich ein Staat nicht an eine VBM-Vereinbarung hält, wird der andere Partner der Vereinbarung seinerseits in der Regel „mißtrauisch" werden, wird sich in der Regel in den Beziehungen der betreffenden Akteure Mißtrauen einstellen und somit genau das Gegenteil von dem eintreten, was ursprünglich ggfs. auch als Vereinbarungszweck gedacht war und möglicherweise ja auch für denjenigen Staat, der nun die Vereinbarung verletzt, zunächst wichtig war, nämlich Vertrauen.[59] Hier wird also auf die etwaigen Wirkungen von VBM im atmosphärischen Bereich abgestellt. In diesem Sinne bestraft sich dann die Verletzung einer VBM-Verpflichtung in der Tat in gewisser Weise sozusagen selber.

---

[58] Zu Voraussetzungen und Bedingungen völkerrechtlicher Repressalien, insb. zum Erfordernis der Verhältnismäßigkeit, vgl. *Alfred Verdross / Bruno Simma*, Universelles Völkerrecht, Berlin 1976, 652 ff.

[59] So *Vetschera* (Anm. 22), 25 f.; ebenso — allerdings sogar im Hinblick auf nicht einmal rechtlich, sondern nur anderweitig („politisch") verbindliche VBM-Vereinbarungen — Study (Anm. 10), § 94.

Was nun wiederum das eingangs als erstes genannte Argument der Einklagbarkeit betrifft, so ist hierzu anzumerken, daß auch diese Option nicht in jedem Fall sinnvoll zu realisieren sein wird. So sind Situationen vorstellbar, in denen das Einklagen einer rechtlich verbindlichen VBM-Verpflichtung mittels rechtlicher Verfahren konterproduktiv sein kann. Mit einem derartigen Verfahren ist ja in der Regel das Herstellen einer gewissen Öffentlichkeit und damit die Möglichkeit des Prestigeverlustes für denjenigen Staat, der „angeklagt" ist, die betreffende Vereinbarung gebrochen zu haben, verbunden. Ein solcher Prestigeverlust wiederum könnte nun diesen Staat zu einer „Überreaktion", zu überreagierendem Verhalten bewegen, was wiederum durchaus nicht im Interesse des ersteren Staates sein könnte. Von hier aus ergibt sich also eine gewisse weitere Einschränkung des Nutzens der Verrechtlichung von VBM-Vereinbarungen. Wir werden auf diese Argumentation unten, bei der Nennung allfälliger Argumente *gegen* die Verrechtlichung von VBM, gleich noch einmal etwas ausführlicher zurückkommen.

Dafür, daß die *Verifikation* der Erfüllung bestimmter VBM-Verpflichtungen vereinbart werden kann — was seinerseits Voraussetzung für die Einklagbarkeit dieser Verpflichtungen sein kann[60] —, ist nicht unbedingt Voraussetzung, daß jene VBM-Verpflichtung auf rechtliche Art verbindlich ist. Es ist durchaus vorstellbar, daß eine VBM-Verpflichtung rechtlich unverbindlich ist und trotzdem ihre Verifikation vereinbart wird, ja es ist sogar vorstellbar, daß jene VBM-Verpflichtung rechtlich unverbindlich bleibt, daß aber zur selben Zeit die diesbezügliche Verifikationsverpflichtung auf rechtlich verbindliche Weise eingegangen wird.

Als letztes mögliches Argument für eine Verrechtlichung von VBM sei hier noch die gelegentlich vorgetragene Auffassung genannt, daß eine solche Verrechtlichung, bzw. die Bereitschaft von Akteuren, eine VBM zu verrechtlichen, selbst als eine Art vertrauensbildende Maßnahme angesehen werden könnte, nämlich in dem Sinne, daß sie zur *„Klimaverbesserung"* zwischen den betreffenden Akteuren beitragen könnte.[61] Allerdings ist hierzu noch einmal an das zu erinnern, was oben zur „Klimaverbesserung" als einer (Neben-)Funktion von VBM allgemein gesagt worden ist.[62]

In dem gesamten, bisher diskutierten Kontext sollte allerdings folgendes stets bedacht werden: Die Kategorie der Verrechtlichung von VBM, d. h. der rechtlichen Verpflichtung zu VBM, beschreibt nur *eine* wesentliche Dimension des Konzepts. Dazu treten als wesentlich noch zwei

---

[60] Siehe dazu noch eingehender unten, S. 109.
[61] In diesem Sinne etwa *Vetschera* (Anm. 22), 24 f.
[62] Oben, S. 20.

weitere, und zwar inhaltliche Dimensionen. Zum einen wird der Wert einer VBM-Vereinbarung auch mitbestimmt vom *Inhalt und Umfang* der eventuellen Verpflichtung eines Teilnehmers an einer VBM-Vereinbarung. Dies bezieht sich bei transparenzfördernden VBM auf den Informationsgehalt der jeweiligen VBM, bei operationell-restriktiven V(S)BM auf Umfang und Intensität der jeweiligen Beschränkung der Operationsfreiheit. Zu Recht ist in diesem Zusammenhang gesagt worden: Eine Mitteilung ohne Verpflichtung, aber von hohem Informationswert, trägt mehr zur Vertrauensbildung bei als eine Pflichtübung nach einer internationalen Vereinbarung, durch die nur längst Bekanntes vermittelt wird.[63] Ähnliches ließe sich auch für den Fall der operationell-restriktiven V(S)BM postulieren: Eine Beschränkung, die ohne Verpflichtung eingehalten wird, die aber sehr wirksam ist, bringt für die Sicherheit der betroffenen Staaten mehr als eine Beschränkung, die feierlich (rechtlich) vereinbart worden ist, welche die operationellen Fähigkeiten des betreffenden Staates aber nur marginal berührt.

Zum zweiten tritt zum Kriterium der Verpflichtung (Verrechtlichung) als wesentlich auch noch das Kriterium der *Bestimmtheit* (der betreffenden VBM) hinzu. Eine Verpflichtung zu einer bestimmten VBM bringt nicht viel, wenn nicht gleichzeitig möglichst genau determiniert ist, wozu im einzelnen die Partner der Vereinbarung sich verpflichtet haben, bzw. wozu sie im einzelnen berechtigt sind. Eine VBM wird nur dann zur allseitigen wirklichen Vertrauensbildung beitragen können, wenn Rechte und Pflichten der Beteiligten genauestens festgelegt und keine Ansätze dafür gegeben sind, daß bei der einen Seite das Gefühl aufkommt, daß die andere Seite nicht das leistet, was sie eigentlich leisten müßte, bzw. umgekehrt, die andere Seite das Gefühl bekommt, die erstere verlange etwas, was ihr eigentlich nicht zustehe und benütze die VBM-Vereinbarung nur, um unzulässiges Wissen über, bzw. unzulässige Einwirkungsmöglichkeiten auf die militärisch-sicherheitspolitischen Angelegenheiten anderer Staaten zu bekommen. So wird aus der Implementierung der transparenzfördernden VBM der KSZE-Schlußakte etwa darüber berichtet, daß westliche Beobachter bei Manövern des Warschauer Paktes der östlichen Seite vorgeworfen haben, nicht den Vereinbarungen der KSZE-Schlußakte zu entsprechen, da man ihnen zur Beobachtung jener Manöver nur ungenügend Bewegungsfreiheit zugestanden hätte, sie mit unzureichenden Ferngläsern ausgestattet hätte oder ihnen nur unzulängliche Information über die jeweils ablaufenden Übungen der Truppe hätte zukommen lassen. Umgekehrt würde es nicht überraschen, wenn die östliche Seite entsprechende Begehren der westlichen Teilnehmer als Spionageversuch etc. abzuqualifizieren versucht haben könnte. Dieses

[63] *Vetschera* (Anm. 22), 25.

Beispiel macht also sehr deutlich, daß für die Vertrauensbildung mindestens ebenso wichtig wie die Verpflichtung zu VBM die möglichst genaue Determinierung dieser VBM ist.[64]

b) *Argumente gegen Verrechtlichung*

Welche Argumente könnten nun gegen die Verrechtlichung von VBM ins Treffen geführt werden? Zunächst wäre vorstellbar, daß gegen die Verrechtlichung von VBM der grundsätzliche Einwand erhoben wird, VBM würden sich schon prinzipiell wegen ihres *„hochpolitischen" Charakters*, bzw. deswegen, weil sie in einem äußerst sensitiven Bereich staatlichen Handelns angesiedelt wären, nicht für eine Verrechtlichung eignen. Einer solchen Anschauung wäre jedoch sofort entgegenzuhalten, daß grundsätzlich alles und jedes zu verrechtlichen ist. Auch im innerstaatlichen Bereich, speziell im Rechtsstaat, ist ja prinzipiell alles juridifizierbar: So „hochpolitische" Angelegenheiten wie die Wahl eines Staatsoberhauptes oder die Beschränkung politischer oder wirtschaftlicher Macht ebenso wie so „technische" Angelegenheiten wie etwa die Regelung des Straßenverkehrs; so „delikate", „sensitive" Angelegenheiten wie die Regelung außerehelichen Geschlechtsverkehrs ebenso wie so relativ simple Angelegenheiten wie der Kauf einer Waschmaschine. Von hier aus spricht also nichts von vornherein gegen eine Verrechtlichung von VBM.

Schon stichhaltiger erschiene das Argument, die *Dynamik* der zu regelnden Materie lasse eine Verrechtlichung von VBM, mit der ja immer eine gewisse Erstarrung der betreffenden Materie verbunden wäre, nicht angeraten erscheinen. Nun ist es zweifellos so, daß sich derjenige Bereich, um den es hier geht, nämlich der militärisch-sicherheitspolitische, durch eine nicht unerhebliche Dynamik auszeichnet: Ständig ergeben sich neue strategische/operative usw. Lagen, Situationen, Konstellationen; laufend werden neue Faktoren (z. B. neue Waffen) ins Spiel gebracht; fortwährend verschieben sich die Kräfteverhältnisse. Alles scheint ständig im Fluß zu sein. Dies ist jedoch kein Spezifikum des militärisch-sicherheitspolitischen Bereichs. Vielmehr handelt es sich hierbei doch um ein Charakteristikum jedweder Politik, von Politik schlechthin. So gesehen dürfte man, folgte man obigem Argument, überhaupt keine politischen Verhältnisse und zu keiner Zeit „verrechtlichen". Daß eine solche Lösung unmöglich zu praktizieren ist, bedarf keiner weiteren Erörterung. Vielmehr werden Staaten von Zeit zu Zeit, wenn sie meinen, der Augenblick sei reif dazu, doch bestimmte Verhältnisse des politischen Lebens, auch wenn dieses von ständiger Bewegung bestimmt ist, als fixierwürdig

[64] Die oben genannte „Richtlinien"-Initiative der Bundesrepublik Deutschland in den VN könnte als ein Versuch in diese Richtung angesehen werden.

herausgreifen und eben (auch durch Verrechtlichung) fixieren. Dies gilt sicherlich auch für VBM. Auch von hier aus spricht also nichts Grundsätzliches gegen die Verrechtlichung von VBM (was nicht heißen soll, daß Staaten nicht *im Einzelfall* zur Auffassung kommen können, daß sich gewisse konkrete Maßnahmen, vielleicht weil die betreffenden Umstände noch nicht hinreichend abgeklärt sind oder weil noch zuviel Turbulenz um eine bestimmte VBM vorhanden ist, noch nicht gut verrechtlichen und fixieren lassen).

Dies leitet über zu einem weiteren denkbaren Argument gegen die Verrechtlichung von VBM, nämlich daß eine solche dann nicht durchgeführt werden solle, wenn es noch *keine* entsprechende, voll ausgereifte oder etablierte *„opinio iuris"* gebe. Abgesehen davon, daß ein solches Argument in gewisser Weise tautologisch wirkt, da es dort, wo keine entsprechende „opinio iuris" vorhanden ist, ohnehin keine Verrechtlichung geben kann[65], wohnt ihm doch ein sehr bemerkenswerter Aspekt inne: Der Gedanke nämlich, daß es aus rechtlicher Sicht zu früh für eine Verrechtlichung (etwa auch von VBM) sein kann.[66] Zwar kann es — wie im Vorstehenden gerade expliziert worden ist — bei fehlender „opinio iuris" einen Konsens zur Verrechtlichung einer bestimmten Maßnahme ohnehin nicht geben. Es kann aber auch davor, sozusagen auf der Stufe vor der endgültigen Verrechtlichung einer Maßnahme, noch zu früh sein, über eine Maßnahme, insbesondere über ihre eventuelle spätere Verrechtlichung auch nur zu verhandeln, wenn sich unter den Akteuren keine allseitige entsprechende „opinio iuris" auftut, andeutet oder abzeichnet. Ein zu frühes Verhandeln einer Maßnahme könnte bewirken, daß die entsprechende Bemühung scheitert, wobei die betreffende VBM dann nicht nur für den Augenblick, sondern ein für allemal vom Verhandlungstisch ist. Hier ergibt sich also in der Tat ein Grund, ggfs. auf die Verrechtlichung von VBM für's erste zu verzichten.

Ein aus der Sicht des einzelnen Staates, der sich eine möglichst große *Handlungsfreiheit* bewahren möchte, sicherlich legitimes Argument gegen die Verrechtlichung einer VBM wäre das Argument, daß es ihm dann, wenn eine VBM nicht verrechtlicht ist, leichter fallen könnte, aus einer VBM-Verpflichtung auszusteigen. Ein solcher Wille, sich einer Verpflichtung zu entziehen, kann verschiedene Hintergründe haben: Der betreffende Staat könnte einer Verrechtlichung von VBM etwa deshalb abhold sein, weil er die Beziehungen zum betreffenden anderen Staat

[65] Dies gilt in jedem Fall für die eventuelle Schöpfung von Völkergewohnheitsrecht, u. E. aber in gleichem Maße auch für die Schaffung von völkerrechtlichem Vertragsrecht. Zwar ist diesbezüglich vorstellbar, daß Staaten sich auf einen Vertragstext einigen, auch wenn sie in der Sache dissentieren. Hierbei würde es sich dann jedoch lediglich um einen Formelkompromiß handeln, der seinerseits kein konkretes Recht schaffen würde.

[66] So auch *Lange / Schwarz* (Anm. 39), 135 f.

doch nicht für so tragfähig hält, als daß er sich — für alle Fälle — eine gewisse Rückzugsoption nicht doch noch offenhalten möchte. Ein Staat könnte aber auch deswegen auf eine Verrechtlichung von VBM verzichten mögen, weil er sich — unabhängig von der jeweiligen konkreten politischen Situation — generell die Möglichkeit offen halten möchte, seine Beziehungen zu seinen Partnern flexibel zu gestalten, worin ihn eben eine „Verdinglichung" von VBM durch Verrechtlichung möglicherweise behindern könnte. Schließlich könnten hinter einer Abneigung gegen eine Verrechtlichung natürlich auch — honni soit, qui mal y pense — „macchiavellistische" Überlegungen stehen.

Man könnte den eben diskutierten Argumentationskomplex — und damit kommen wir auf eine bereits weiter oben angerissene Problematik zurück — auch dahingehend erweitern, daß sich ein Verzicht auf eine Verrechtlichung von VBM auch unter dem Aspekt empfehlen könnte, daß der *Gesichtsverlust* für einen Staat, der eine VBM-Vereinbarung verletzt, dann nicht so groß und gravierend wäre, wenn die betreffende VBM in nicht allzu verbindlicher Form vereinbart worden wäre, als wenn es sich bei dieser Vereinbarung um eine besonders solenne rechtliche Übereinkunft gehandelt hätte. Unter dem Gesichtspunkt einer internationalen Politik, die staatliches Prestige so wenig wie möglich ins Spiel bringen möchte, und zwar auch deshalb, um Irrationalitäten, die eben dann besonders ins Kraut schießen, wenn staatliches „Prestige" berührt ist, gleich von vornherein so wenig Entfaltungsgelegenheit wie möglich zu geben, sicherlich eine nicht so einfach von der Hand zu weisende Überlegung. Allerdings könnte der gleiche Effekt — Verhinderung etwaigen Gesichtsverlustes wegen Verletzung einer rechtlichen VBM-Vereinbarung — auch mittels des Instruments der Geheimhaltung erzielt werden: Ein Staat, der eine rechtliche VBM-Vereinbarung verletzt, würde nicht gleich vor das Tribunal der Weltöffentlichkeit gezerrt, sondern er würde zunächst in aller Stille, auf diplomatischem Wege (auch im übertragenen Sinne des Wortes) auf sein Fehlverhalten aufmerksam gemacht und aufgefordert, sich in Zukunft wieder vereinbarungsgemäß zu verhalten[67]; allenfalls würde ihm bedeutet, daß dann, wenn er sich wider Erwarten doch nicht an die Vereinbarung halten sollte, Öffentlichkeit hergestellt würde.

Ein letztes Argument — und hier würde wiederum auf den atmosphärischen Aspekt der Vereinbarung von VBM abgestellt — gegen die Verrechtlichung von VBM wäre die Vorstellung, daß sich die Verrechtlichung von VBM in gewissen Fällen insofern konterproduktiv auswirken könnte, als sich durch die Verletzung einer rechtlich vereinbarten VBM-

---

[67] In diesem Sinne arbeitet etwa die im Rahmen der SALT-Vereinbarungen eingerichtete Standing Consultative Commission.

Verpflichtung ein *Vertrauensschwund* zwischen den betreffenden Partnern einstellen würde, also gerade das Gegenteil von dem, was ursprünglich mit der Vereinbarung der VBM, bzw. mit ihrer Verrechtlichung beabsichtigt war; jedenfalls aber mehr Mißtrauen zwischen den betreffenden Akteuren entstehen würde, wenn es sich bei der verletzten Vereinbarung eben um eine solenne rechtliche Vereinbarung handelte, als wenn es sich bloß um eine nicht so wertbeladene, weniger verbindliche nicht-rechtliche (z. B. bloß „politisch" bindende) Vereinbarung handelte.[68]

c) Fazit

Aufgrund der vorstehenden Erörterungen ist folgendes Fazit zu ziehen: Es gibt eine Reihe von — vor allem im Grundsätzlichen beheimateten — Begründungen, die für die Verrechtlichung von VBM sprechen (im einzelnen: erhöhte Erwartungsstabilisierung, Rechtssicherheit, Rationalisierung, Außer-Streit-Stellen, Legitimierung/Legalisierung, Einklagbarkeit, Sanktionsmöglichkeit, Klimaverbesserung). Es gibt andererseits aber auch eine Reihe — teils im Grundsätzlichen verwurzelter, teils auf spezifische Situationen abstellender — Argumente, die gegen eine Verrechtlichung von VBM sprechen (etwa: mangelnde Konsensfähigkeit der zu regelnden Materie; größere Flexibilität und Handlungsfreiheit; Verhütung eines Prestigeverlustes bei Verletzung der Vereinbarung). Eine allgemeine und exklusive Aussage für je eine der beiden Möglichkeiten kann daher nicht getroffen werden. Vielmehr wird derjenige, der im konkreten Einzelfall mit der Frage der Verrechtlichung von VBM konfrontiert wird, anhand der jeweiligen konkreten Umstände und Charakteristika des betreffenden Falles das Für und Wider einer Verrechtlichung abwägen und dann für den konkreten Fall entscheiden müssen.

Er wird aber darüber hinaus zu prüfen haben, inwieweit er nicht auch andere, d. h. nicht-rechtliche Formen der Vereinbarung, die eventuell den Umständen des konkreten Falles angemessener sind und den angestrebten Zweck der Vereinbarung ebenso gut zu erfüllen in der Lage sind wie eine rechtliche Vereinbarung, ohne dabei die im gegebenen Fall zu erwartenden Nachteile einer Verrechtlichung nach sich zu ziehen, nutzen kann. Der folgende Abschnitt will einige der sich im Zusammenhang mit solch alternativer, nicht-rechtlicher Normierung ergebenden Fragen erörtern.

---

[68] Auf der Überprüfungskonferenz zum Vertrag über das Verbot der Entwicklung, Herstellung und Lagerung von bakteriologischen (biologischen) und Toxin-Waffen sowie deren Vernichtung (B-Waffen-Vertrag) ist dann folgerichtig umgekehrt die Mitteilung der Staaten, sie hätten eine vertragliche Verpflichtung — hier konkret die aus Art. II des Vertrages — erfüllt, als vertrauensbildend erachtet worden. Vgl. Press Release, UN Doc. DC/887 vom 18. 3. 1980, S. 2.

2. Möglichkeiten der nicht-rechtlichen Normierung von VBM

Die *rechtliche* Normierung eines sozialen Sachverhalts, hier: von VBM, ist nicht die einzige, sondern nur *eine* mögliche Form der Sachverhaltsnormierung. Neben der Möglichkeit, soziale Sachverhalte rechtlich zu normieren, besteht auch die Möglichkeit, eine solche Sachverhaltsnormierung auf anderweitige, jedenfalls nicht-rechtliche Art vorzunehmen. Rechtsnormen zeichnen sich dabei vor anderen sozialen Normen vor allem dadurch aus, daß sie — im Gegensatz zu anderen, nicht-rechtlichen sozialen Normen — als besonders verbindlich, vorzugswürdig, bestandswürdig, verfestigt, „gehärtet", unverrückbar oder indisponibel gelten sollen. Das besondere „Rechtliche" an Rechtsnormen ist also ihr Verhärtungsgrad.[69] Nicht-rechtlichen sozialen Normen dagegen eignet eine derartige Bindungs- und Verpflichtungskraft nicht. Gleichwohl sind sie in der Lage, gewisse, ihnen je nach Typus eigentümliche Bindungswirkung zu entfalten. Beispiele für solche nicht-rechtliche, sozusagen „einfache" soziale Normen sind die in Theorie und Praxis — etwa auch in der VN-Expertenstudie[70] — gelegentlich als „politisch" apostrophierten Normen („Vereinbarungen", etc.)[71]; oder aber auch die moralischen Normen; zu verweisen ist im gegenständlichen Zusammenhang ferner auf die Diskussion über die Bindungswirkung von Resolutionen der VN-Generalversammlung.[72]

Daß Staaten an Stelle einer rechtlichen Normierung einer bestimmten VBM-Vereinbarung eine nicht-rechtliche Form der Normierung wählen, kann die verschiedensten Gründe haben: Sie könnten damit etwa versuchen, gewissen, im konkreten Fall mit einer Verrechtlichung — wie oben angedeutet — möglicherweise verbundenen Nachteilen auszuweichen. Sie könnten zu einer nicht-rechtlichen Normierung aber etwa auch

---

[69] Siehe dazu ausführlicher, m. w. N., noch einmal oben, S. 30 f.

[70] Vgl. etwa Study (Anm. 10), §§ 94, 96, 98.

[71] Wir halten die Bezeichnung „politische" Normen für *eine* spezifische Art von Normen allerdings für zumindest unglücklich, wenn nicht gar unzutreffend, und zwar deshalb, weil unserer Auffassung nach *jede soziale* Norm insofern „politisch" ist, als sie in einem politischen Prozeß zustandekommt.

[72] Gewisse Resolutionen der VN-Generalversammlung sind durchaus als nicht-rechtliche soziale Normen im hier unterlegten Sinn anzusehen; umgekehrt können aber gewisse VN-Generalversammlungsresolutionen durchaus auch rechtlich verbindlicher Natur (wenn auch nicht gleich nach Art des völkerrechtlichen Vertrages) sein. Es ist hier allerdings nicht der Ort, die Diskussion über den rechtlichen oder nicht-rechtlichen Charakter von VN-Generalversammlungsresolutionen weiterzuführen. Vgl. statt dessen, mit dem z. Zt. wohl besten Überblick über den gegenwärtigen Meinungsstand sowie einem überzeugenden eigenen Lösungsansatz, *Bruno Simma*, Zur völkerrechtlichen Bedeutung von Resolutionen der UN-Generalversammlung, in: *Rudolf Bernhardt / Jost Delbrück / Ingo von Münch / Walter Rudolf* (Hrsg.), Fünftes deutsch-polnisches Juristen-Kolloquium, Bd. 2, Baden-Baden 1981, 45—76. Weiter unten, S. 46 ff. und S. 133 f., wird allerdings auch in dieser Studie noch einmal ausschnittsweise auf diese Problematik zurückzukommen sein.

deswegen gezwungen sein, weil unter ihnen kein allgemeiner Konsens über die Ausstattung der betreffenden Vereinbarung mit dem Charakter der rechtlichen Verbindlichkeit herzustellen ist. Sie könnten ferner gemeinsam der Ansicht sein, daß das von ihnen mit ihrer VBM-Vereinbarung beschrittene Terrain noch zu neu und/oder zu wenig tragfähig sei, als daß man die betreffende Sachverhaltsregelung schon rechtsnormativ verfestigen sollte. Sie könnten auch die Absicht verfolgen, eine bestimmte Sachverhaltsregelung, bevor sie sie mit rechtlicher Bindungskraft begaben, in bezug auf ihre Sachadäquanz und/oder Akzeptanz in der politischen Praxis zu „erproben".[73] Man könnte in diesem Zusammenhang weitergehend eine Möglichkeit der bewußten Schöpfung von Recht sehen: Indem man eine erstrebte Regelung zunächst auf rechtlich unverbindliche, allenfalls nicht-rechtlich verbindliche Art in Kraft setzt, gibt man den Staaten so die Möglichkeit, diese Regelung erst einmal „auszuprobieren", sie probehalber zu praktizieren, auch: sich an sie zu gewöhnen, in der Hoffnung (und eventuell mit der Absicht), daß sich auf diese Weise, durch die entsprechende Übung und durch das Wachsen einer entsprechenden Rechtsüberzeugung in der Folge eine Rechtsnorm entwickelt. Die VN-Expertenstudie äußert sich zu dieser Möglichkeit mit folgenden prägnanten Worten: „Die fortlaufende und regelmäßige Anwendung politisch bindender Maßnahmen kann eine Praxis begründen, die langfristig bei allen teilnehmenden Staaten die Überzeugung erhärtet, daß nur ein dieser Praxis entsprechendes Verhalten als rechtmäßig betrachtet werden kann. So kann die bindende Natur vertrauensbildender Maßnahmen allmählich in dem Maße ausgebaut werden, daß ihre allgemeine Akzeptanz als konkreter Verhaltensmaßstab wächst. Demnach kann die konsequente und einheitliche Anwendung einer politisch bindenden vertrauensbildenden Maßnahme während eines nicht unbeträchtlichen Zeitraums zur Entstehung einer Verpflichtung nach Völkergewohnheitsrecht führen. Auf diese Weise kann der Vertrauensbildungsprozeß allmählich zur Bildung neuer Völkerrechtsnormen beitragen."[74]

Zwar kann es durchaus sein, daß sich die Staaten mit der Entscheidung für eine nicht-rechtliche Normierung einer VBM-Vereinbarung auch einiger Vorteile begeben, die eine Verrechtlichung im konkreten Fall mit sich gebracht hätte. Zu denken ist etwa an die Möglichkeit der Ein-

---

[73] Zu dieser Praxis, insbesondere im Bereich der internationalen Normierung der Menschenrechte, *Jost Delbrück*, Die Konvention der Vereinten Nationen zur Beseitigung jeder Form der Diskriminierung der Frau von 1979 im Kontext der Bemühungen um einen völkerrechtlichen Schutz der Menschenrechte, in: Festschrift für *Hans-Jürgen Schlochauer*, Berlin — New York 1981, 247—270 (251 f.) m. w. N.

[74] Study (Anm. 10), § 98. Zur Kritik an der diesbezüglich von der VN-Expertenstudie geübten Wortwahl („politisch bindende Maßnahmen") vgl. aber noch einmal oben Anm. 71.

klagbarkeit rechtmäßigen bzw. Sanktionierung rechtswidrigen Verhaltens. Wie aber oben näher ausgeführt worden ist, kann es auch Fälle geben, in denen derartige Möglichkeiten ohnehin nicht so stark ins Gewicht fallen und diesbezüglich der Verzicht auf Verrechtlichung (und deren Implikationen) keinen allzu großen Verlust bedeuteten. Umgekehrt kann aber die Wahl des Instruments der nicht-rechtlichen Normierung ihrerseits durchaus Vorteile mit sich bringen. Zu denken ist etwa an das erhöhte Maß an Flexibilität und Handlungsspielraum, das Staaten gewinnen können, wenn sie eine VBM-Verpflichtung auf bloß nicht-rechtlich verbindliche Art und Weise eingehen. Zu denken ist aber auch an die innerstaatliche Komponente staatlichen Handelns: Auch hier kann die Verwendung nicht-rechtlich verbindlicher Formen für eine VBM-Vereinbarung ein erhöhtes Maß an Manövrierfähigkeit für die betreffende Administration bedeuten.

Die Besinnung auf die Existenz und Verfügbarkeit der Möglichkeit, soziale Sachverhalte, hier: VBM, auch auf nicht-rechtliche Art und Weise zu normieren, bereichert die Gestaltungsoptionen desjenigen Akteurs, der sich mit der Verrechtlichung / Normierung von VBM auseinanderzusetzen hat. Dies ist nicht nur so zu verstehen, daß der betreffende Akteur jene nicht-rechtlichen Normierungsmöglichkeiten nur in — jeweils wechselseitig ausschließlicher — Alternative zur Verrechtlichung nutzen könnte. Vielmehr hat er auch die Möglichkeit, diese beiden Arten der Normierung kombiniert einzusetzen und bei konkreten Anlaßfällen der Normierung von VBM damit ein gewisses „Mix" herzustellen: Er kann in diesem Sinn etwa den Regelungskomplex zunächst hinsichtlich der Normierungs- / Verpflichtungsintensität differenzieren. So kann er rechtlich Verbindliches mit Unverbindlichem zusammenbinden. Hier kann er noch weitergehend differenzieren, indem er rechtlich Verbindliches (etwa Vertragliches, aber auch anderweitig rechtlich Verbindliches) mit rechtlich Unverbindlichem, aber anderweitig („politisch") Verbindlichem, und weiter mit völlig Unverbindlichem (z. B. unverbindlichen Absichtserklärungen) kombiniert[75], usw. Er kann weiter aber auch in sachlich-inhaltlicher Hinsicht differenzieren, insofern z. B., daß — bei Abmachungen über transparenzfördernde VBM — für bestimmte Informationsarten, bzw. — bei Abmachungen über operationell-restriktive V(S)BM — für bestimmte Beschränkungsarten jeweils verschiedene Verpflichtungsgrade festgelegt werden[76], usw.

---

[75] Dabei kann er durch die entsprechende Wahl der Anzahl der jeweiligen Dokumente (ein einheitliches Dokument für alle Verpflichtungen — mehrere selbständige Dokumente für verschiedene Verpflichtungsarten) variieren. Siehe dazu gleich noch im folgenden Unterabschnitt.

[76] In diesem Zusammenhang ist noch einmal an die KSZE-Schlußakte zu erinnern, die insofern bzgl. der dort vereinbarten VBM ein derart abgestuftes Bild bietet.

Der folgende Unterabschnitt will nun, in illustrativer Absicht und ohne Anspruch auf Vollständigkeit, versuchen, zumindest in groben Umrissen das Spektrum der Formen, die das Völkerrecht zur Regelung sozialer Sachverhalte bereit hält, aufzuzeigen und einige der möglichen Regelungsformen, wenn auch nur kursorisch, zu erörtern.

3. Mögliche Formen der Verrechtlichung, bzw. Normierung von VBM

An der Spitze der konsensualen Instrumente zur Normierung von VBM — ihnen wollen wir uns zunächst zuwenden — steht, was die Solennität und den Verpflichtungsgrad betrifft, sicherlich der (schriftliche) völkerrechtliche *Vertrag.*[77] Die etwaige Verletzung eines solchen Vertrages über VBM würde die betroffenen Vertragspartner eo ipso zur völkerrechtlichen Repressalie gegenüber dem vertragsbrüchigen Staat ermächtigen.[78] Die Regelungen über VBM könnten dabei alleiniger / hauptsächlicher Gegenstand des betreffenden Vertrages sein, wie dies etwa bei den US-amerikanisch-sowjetischen Abkommen über Maßnahmen zur Verminderung der Gefahr des Ausbruchs eines Kernwaffenkrieges aus dem Jahre 1971[79], bzw. über die Verhinderung von Zwischenfällen auf und über der Hohen See aus dem Jahre 1972[80] der Fall ist; die Vereinbarungen über VBM könnten aber auch einzelner Bestandteil eines umfassenderen Vertragswerks sein, wie dies etwa der Fall war bei dem chilenisch-argentinischen Seerüstungsbeschränkungsvertrag aus dem Jahre 1902[81], dessen Art. 2 die wechselseitige Information über neue Schiffsbau- oder -erwerbsprogramme vorsieht, bzw. bei dem Washingtoner Seerüstungsbeschränkungsabkommen aus dem Jahre 1922[82], bei dem ähnliche und andere derartige Verpflichtungen in eine Unmenge anderer (meist Beschränkungs-)Verpflichtungen eingebettet sind. Erinnert sei hier auch an die Möglichkeit, entsprechende Verpflichtungen, anstatt sie in einem einzigen Vertragsdokument niederzulegen, in mehreren Dokumenten festzulegen — möglicherweise differenziert nach Intensität und / oder Art der Informations- / Beschränkungsverpflichtung.

Staaten, die auf weniger auffälligem Wege eine Vereinbarung über VBM schließen wollen, stehen dafür eine Reihe entsprechender Instrumente zur Verfügung, so etwa das Instrument des *Notenwechsels*, des

---

[77] Zur Definition vgl. Art. 1 des Wiener Übereinkommens über das Recht der Verträge, Text in: (öst) BGBl. Nr. 40/1980. Siehe dazu sowie insbesondere dazu, daß die jeweilige Bezeichnung eines Vertrages im Prinzip keinerlei Auswirkungen auf seine Verbindlichkeit hat, *Verdross / Simma* (Anm. 58), 268 ff.

[78] Vgl. aber noch einmal, was oben zu diesem Problem gesagt worden ist, S. 33.

[79] Text in: International Legal Materials (ILM) 10 (1971), 1173 f.

[80] Text in: ILM 11 (1972), 778 ff.

[81] Text in: *Descamps*, Recueil International des Traités, Paris 1902, 320 ff.

[82] Text in: *Manley O. Hudson* (Hrsg.), International Legislation, Bd. II, Washington, D. C. 1931, 798 ff.

Briefwechsels oder der *wechselseitigen Erklärung* (ein Beispiel für eine derartige Erklärung, mittels derer VBM-Verpflichtungen statuiert wurden, ist die wechselseitige Erklärung der Höfe von Versailles und London über die Begrenzung der beiderseitigen Seerüstungen aus dem Jahre 1787).[83] Die Bezeichnung der betreffenden Akte sagt dabei noch nichts über den Verbindlichkeits- bzw. Verpflichtungsgrad etwaiger durch sie getroffener Vereinbarungen aus.[84] Vielmehr wird man diesbezüglich die Abmachung selbst zu Rate ziehen müssen, um Aufschluß über den jeweiligen Bindungswillen der betreffenden Vereinbarungspartner zu gewinnen.

Die Möglichkeit, Vereinbarungen einzugehen, eröffnet sich Staaten auch über den Weg des Austausches von *Memoranden*. Zwar wird man hier, vom ursprünglichen Wortsinn ausgehend, hinter der Bezeichnung „Memorandum (Denkschrift") zunächst wohl nicht und ohne weiteres eine verbindliche Vereinbarung vermuten. Allerdings gilt auch hier, was im Vorhergehenden über die Aussagekraft der Bezeichnung internationaler Akte gesagt worden ist.[85] Auch hier wird die Frage nach der Verbindlichkeit der Abmachungen — vielleicht mehr noch als bei den zuvor genannten Instrumenten — auch unter Zuhilfenahme inhaltlicher Kriterien zu beantworten sein, d. h. es wird zu prüfen sein, inwieweit das betreffende Dokument überhaupt konkret verbindliche Absprachen enthält. So enthalten etwa das US-amerikanisch-sowjetische „Memorandum of understanding regarding the establishment of a direct communications link"[86] bzw. das „Memorandum of understanding regarding the establishment of a Standing Consultative Commission" aus dem Jahre 1972[87], zweifelsohne eine Reihe von Abmachungen, die für die beiden Vertragspartner (rechtlich) verbindlich sind. Andererseits enthalten etwa die deutsch-britischen Memoranden über die Flottenfrage aus dem Jahre 1912[88] — vom Inhaltlichen her gesehen — bestenfalls Absichtserklärungen; eine Verpflichtung, zumal eine völkerrechtliche, wird insofern nicht anzunehmen sein.

Mit letzterem ist bereits ein weiteres Instrument zur etwaigen Vereinbarung von VBM angesprochen, eben das der gemeinsamen (eventuell

---

[83] Text in: *de Martens*, Recueil de Traités, Série 1, Bd. IV, 279.

[84] So *Verdross / Simma* (Anm. 58), 271.

[85] Vgl. *Ernest Satow / Nevile Bland*, A Guide to Diplomatic Practice, 4. Aufl. London — New York — Toronto 1957, 64, 337. Dort wird auch von der Staatenpraxis berichtet, Memoranden gelegentlich durch die Zusätze „memorandum of understanding constituting an agreement", „memorandum constituting an agreement" oder „memorandum of understanding" zu qualifizieren.

[86] Text in: ILM 2 (1963), 793 ff.

[87] Text in: ILM 12 (1973), 46 f.

[88] Vgl. *Johannes Lepsius / Albrecht Mendelssohn-Bartholdy / Friedrich Thimme* (Hrsg.), Die große Politik der Europäischen Kabinette 1871—1914, Sammlung der Diplomatischen Akten des Auswärtigen Amtes, Bd. 31, Berlin 1926, 148 ff.; vgl. auch 1 ff., 95 ff.

wechselseitigen) *Absichtserklärung.* Ein Beispiel für eine solche Erklärung aus dem Bereich der Abrüstung / Rüstungssteuerung stellt die Deklaration von Ayacucho aus dem Jahre 1974 dar. In ihr verpflichten sich acht südamerikanische Staaten u. a., „die Bedingungen zu schaffen, die eine wirkungsvolle Rüstungsbegrenzung ermöglichen."[89] Eine solche Erklärung wird in aller Regel — ihr Name deutet dies schon im gewissen Maße an — rechtlich nicht verbindlich sein. Inwieweit sie anderweitig — z. B. „politisch", moralisch, etc. — verbindlich sein kann, hängt von den Umständen des Einzelfalles ab. Eine politische Absichtserklärung kann aber darüber hinaus ggfs. auch in rechtlicher Hinsicht eine gewisse Rolle spielen, und zwar insofern, als sie die Vorstufe sein kann für eine spätere rechtliche Vereinbarung entsprechenden Inhalts zwischen den betreffenden Akteuren.[90]

Wenn im Vorstehenden die diversen Formen völkerrechtlicher Vereinbarung jeweils einzeln für sich dargestellt wurden, so soll das nicht heißen, daß die Staaten nicht auch die Möglichkeit hätten, mehrere dieser Formen — auch wenn und gerade *weil* sie jeweils unterschiedlichen Verpflichtungsgrad aufweisen — miteinander zu kombinieren. Ein Beispiel für ein derartiges Vorgehen — aus einem anderen Bereich — ist etwa das Vertragswerk über die Grundlagen der Beziehungen zwischen der Bundesrepublik Deutschland und der Deutschen Demokratischen Republik, welches in seine Kombination sogar gewisse einseitige Elemente miteinschließt.[91] Ein besonders illustratives Beispiel aber aus dem hier einschlägigen Bereich der Abrüstung / Rüstungssteuerung ist das Paket der diversen SALT-Vereinbarungen zwischen den USA und der Sowjetunion.[92]

---

[89] Text in: UN Doc. A/10044 vom 28. 1. 1975. Die acht erwähnten Staaten sind Argentinien, Bolivien, Chile, Ecuador, Kolumbien, Panama, Peru und Venezuela. Siehe dazu auch Study (Anm. 10), § 56.

[90] Im übrigen wird man eine Absichtserklärung über VBM, sofern sie keine konkreten Maßnahmen impliziert, dem Bereich der „deklaratorischen VBM" (vgl. dazu oben, S. 22, 27 und 28) zuweisen müssen.

[91] Zur völkerrechtlichen Qualifikation dieses Vertragswerks aber, insbesondere zur Frage, ob es sich bei diesen Abmachungen um solche völkerrechtlicher Natur handelt, siehe BVerfGE 36, 1 (23 f.).

[92] Es soll hier abrißhaft dargestellt werden, um zu verdeutlichen, wie differenziert derartige Regelungsmaterien behandelt werden können. SALT I besteht aus:

— dem ratifikationsbedürftigen, nach US-amerikanischem Verfassungsrecht zustimmungsbedürftigen ABM („Anti-Ballistic Missile")-Vertrag, der auf unbegrenzte Zeit abgeschlossen wird;

— einem „Interimsabkommen", welches durch Austausch schriftlicher Annahmeanzeigen anläßlich des Austausches der Ratifikationsurkunden zum ABM-Vertrag in Kraft trat und welches auf fünf Jahre befristet sein sollte — hier wird also noch zusätzlich eine Differenzierung in zeitlicher Hinsicht eingeführt (!);

— einem dazugehörigen Protokoll, welches eine Bestimmung (Art. III) des Interimsabkommens konkretisieren soll, wobei die beiden letzteren SALT-

Obwohl keine Anhaltspunkte dafür vorliegen anzunehmen, daß in absehbarer Zeit auf diesem Wege konkret verbindliche — sei es mit diesbezüglich globalem, sei es mit regionalem Anspruch —VBM vereinbart werden, sei dennoch ein Wort zu den Beschlüssen internationaler Organisationen, insbesondere zu *Resolutionen der VN-Generalversammlung* gesagt: VBM könnten theoretisch selbstverständlich auch qua VN-Generalversammlungsresolution vereinbart werden. Der Rechtscharakter sowie die Bindungswirkung solcher Beschlüsse sind — darauf war oben schon verwiesen worden — umstritten.[93] Auch dann aber, wenn man wie

Vereinbarungen — aus inneramerikanischen politischen Gründen — in Form von (nicht zustimmungsbedürftigen) Regierungsabkommen verabschiedet wurden;
— dem bereits oben genannten „Memorandum of Understanding" über die Errichtung einer Ständigen Beratungskommission;
— von den Delegationsleitern gemeinsam vereinbarten und paraphierten Interpretationen bzw. Stellungnahmen (ein, so *Bruha*, a.a.O., 188, wohl ebenfalls „vertragsähnliches" Instrument);
— einseitig während der Verhandlungen erklärten Interpretationen, die in der Folge von den jeweiligen Delegationsleitern als auch ihrer Auffassung entsprechend akzeptiert wurden;
— unwidersprochenen einseitigen, aber nicht unterzeichneten Erklärungen;
— einer einseitigen Erklärung der USA, der von seiten der Sowjetunion widersprochen wurde, mit darauf bezogener Replik der USA, mit wiederum auf diese Replik bezogener Gegenreplik der Sowjetunion (!);
— sowie einem ratifikationsbedürftigen Protokoll zum ABM-Vertrag, das nachträglich im Jahre 1974 verabschiedet wurde.

SALT II besteht aus:
— einem ratifikations- und in den USA innerstaatlich zustimmungsbedürftigen Vertrag, der befristet auf 5 1/2 Jahre gültig sein sollte;
— einem dazugehörigen Protokoll, welches jedoch früher auslaufen sollte;
— von den beiden Staatsoberhäuptern gemeinsam vereinbarten Stellungnahmen und Verständniserklärungen;
— einer von den beiden Staatsoberhäuptern unterzeichneten Verständigung über eine Datenbasis bzgl. der Anzahl bestimmter Waffensysteme;
— zwei einseitigen, von den Delegationsleitern paraphierten Erklärungen über den jeweiligen Stand gemeinsamer Waffensysteme zum Zeitpunkt des Vertragsabschlusses;
— einer nicht unterzeichneten einseitigen Erklärung seitens der Sowjetunion, die eine gewisse Beschränkungsverpflichtung hinsichtlich eines bestimmten Waffensystems enthält, einer dazugehörigen mündlichen Erklärung des sowjetischen Staatsoberhauptes, sowie einer darauf bezogenen Erklärung des Präsidenten der USA, daß die USA den Vertrag nur aufgrund der vorstehenden Erklärungen abschlössen und diese als wesentlich für die Übernahme der vertraglichen Verpflichtungen ansähen;
— sowie einer gemeinsamen Erklärung der Staatsoberhäupter bzgl. nachfolgender Gespräche zum Thema.

Soweit zum Beispiel der SALT-Vereinbarungen, welches wohl recht gut andeutet, welche Gestaltungsmöglichkeiten den Staaten für Vereinbarungen, auch und gerade im Bereich der Rüstungssteuerung, zur Verfügung stehen. Ausführlicher zu dem Gesamten, insb. zur rechtlichen Qualifizierung, *Thomas Bruha*, Die normative Struktur des SALT-Prozesses, in: German Yearbook of International Law 24 (1981), 166—199; ferner *Eibe H. Riedel*, SALT II im Wettlauf mit dem Wettrüsten, in: *Delbrück* (Anm. 6), 275—293; *ders.*, Vereinbarungen über die Begrenzung strategischer Rüstungen (SALT), in: *Delbrück* (Anm. 2), 683—694.

[93] Vgl. dazu noch einmal *Simma* (Anm. 72), passim.

die meisten westlichen Staaten einschließlich der Bundesrepublik Deutschland — ob zu Recht oder zu Unrecht, mag hier dahingestellt bleiben[94] — der Auffassung ist, daß VN-Generalversammlungsresolutionen, auch wenn sie im Konsensverfahren, also einstimmig, verabschiedet worden sind, rechtlich unverbindlich sind, sollte man die normativen Konsequenzen, die die Zustimmung zu einer VN-Generalversammlungsresolution nach sich ziehen kann, nicht unterschätzen. Immerhin hat es Staaten, die zur „neuen Mehrheit" in der VN-Generalversammlung zählen, gegeben, die andere Staaten aufgrund von Resolutionen der Generalversammlung in die völkerrechtliche Pflicht haben nehmen wollen, gelegentlich sogar dann, wenn die betreffenden Staaten jenen Resolutionen noch nicht einmal zugestimmt, sondern sich der Stimme enthalten oder gar gegen die Annahme der Resolution gestimmt hatten.[95] Für den Fall also, daß mittels VN-Generalversammlungsresolution verbindliche VBM vereinbart werden sollten, empfähle sich für einen Staat, der sich durch jenen Beschluß (allgemein oder nur rechtlich) nicht binden lassen möchte, entweder gegen die betreffende Resolution zu stimmen oder aber bei Verabschiedung der Resolution einen „Vorbehalt" des Inhalts, den Beschluß als (allgemein oder rechtlich) nicht verbindlich anzusehen, abzugeben.[96]

Andererseits könnten VN-Generalversammlungsresolutionen — und dies selbst (oder gerade) im Lichte einer theoretischen Position, die die Möglichkeit der unmittelbaren rechtlichen Bindungswirkung von Resolutionen der VN-Generalversammlung von vorneherein und grundsätzlich ausschließt — umgekehrt auch, gemäß dem oben skizzierten, auch von der VN-Expertenstudie durchaus wohlwollend betrachteten Verfahren[97], für die Entwicklung völkerrechtlicher Verpflichtungen instrumentalisiert werden. Demnach könnten sich Staaten im Rahmen einer Resolution der VN-Generalversammlung zur Durchführung einer bestimmten VBM (z. B. der Offenlegung von Militärbudgets) bereit erklären. Die so eingegangene Verpflichtung würde in der Folge — einmal die herkömmliche Auffassung von der grundsätzlichen rechtlichen Unverbindlichkeit von VN-Generalversammlungsresolutionen unterstellt — rechtlich unverbindlich, allenfalls nicht-rechtlich („politisch") verbindlich sein. Mit der Zeit könnte sich jedoch aufgrund einer entsprechenden, konstanten und gleichförmigen Praxis der betreffenden Staaten die Über-

---

[94] Wie Anm. 93.

[95] Vgl. hierzu etwa *T. Olawale Elias*, Modern Sources of International Law, in: Essays in Honor of *Philip C. Jessup*, New York — London 1972, 34—69 (51).

[96] Einige — westliche — Staaten beschreiten diesen Weg bereits. Vgl. etwa diesbezügliche Erklärungen aus Anlaß der Verabschiedung des Schlußdokuments der 1. VN-Sondergeneralversammlung über Abrüstung, UN Doc. A/S-10/PV. 27 vom 30. 6. 1978.

[97] Study (Anm. 10), § 98. Vgl. zu dem ganzen auch oben S. 41.

zeugung herausbilden, daß jenes Vorgehen *recht*mäßig und demnach rechtlich geboten, rechtlich verbindlich vorgeschrieben sei. Dieses Verfahren läßt sich auch auf andere Fälle als den der Vereinbarung konkreter einzelner VBM anwenden. So könnten auf diesem Wege auch generellere Verhaltenspflichten, die letztlich rechtlich verbindlich wären, entwickelt werden. Die eingangs erwähnten Initiativen zur Entwicklung eines allgemeinen Verhaltenskodex, bzw. von allgemeinen Richtlinien für die Vereinbarung und Durchführung von VBM sind wohl ein Ansatz dazu.[98]

Abschließend ist noch auf die Möglichkeiten einzugehen, die sich den Staaten bieten, durch (zunächst) *einseitige Schritte* Vereinbarungen auf dem VBM-Sektor zu initiieren. Ein Staat kann — wenn bislang keine gemeinsam ausgehandelte Konsensbasis für VBM erstellt werden konnte — zunächst auch nur einseitig wirksame VBM durchführen. Ein solcher einseitiger Akt könnte etwa in der freiwilligen einseitigen Ankündigung von Truppenbewegungen an der Grenze zu anderen Staaten oder der freiwilligen einseitigen Offenlegung des Militärbudgets bestehen (letzteres wird von einer Reihe von westlichen Staaten seit Jahren praktiziert) oder aber auch in der freiwilligen einseitigen Beschränkung militärischer Optionen, z. B. in Form der einseitigen Erklärung einer kernwaffenfreien Zone.[99] Er kann dies ohne weiterreichende, etwa auf die Schaffung einer entsprechenden Vereinbarung abzielende Hintergedanken tun; er kann dies aber auch mit der Intention tun, auf diese Weise andere Staaten zum entsprechenden Gegenzug zu bewegen, um in der Folge ein entsprechendes Geflecht wechselseitiger Zugeständnisse hervorzurufen. Letztlich kann diese Technik des „gegenseitigen Beispiels"[100] auch zur Herausbildung einschlägigen Völkergewohnheitsrechts oder zur Verrechtlichung in einem einschlägigen Vertrag führen. Die Beispiele für auf diese Art und Weise erzeugte rechtliche Beziehungsgeflechte dauerhafterer Natur sind allerdings nicht zahlreich; nicht immer wurde entsprechendes einseitiges Vorleistungsverhalten honoriert.[101]

---

98 Dazu unten S. 115 ff.

99 Derartiges wird z. B. seit nunmehr über 30 Jahren von den nordischen Staaten praktiziert. Vgl. dazu ausführlicher *Hans-Joachim Schütz*, Sicherheitspolitik in Skandinavien, in: Österreichische Militärische Zeitschrift 1976, 290—302. Siehe aber auch unsere Kritik des sicherheitspolitischen Wertes einer solchen Maßnahme, oben in Anm. 36.

100 Grundlegend dazu *Eberhard Menzel*, Die Technik des „gegenseitigen Beispiels", in: Abschreckung und Entspannung, Berlin 1977, 756—769; *Bruno Simma*, Das Reziprozitätselement im Zustandekommen völkerrechtlicher Verträge, Berlin 1972, 77 ff.

101 So hat die Sowjetunion ein zunächst befolgtes, von den USA vorgeschlagenes und vorpraktiziertes Moratorium für Kernwaffenversuche nach einiger Zeit nicht mehr eingehalten. Vgl. *Klaus Stahl*, Die Einstellung der Kernwaffenversuche, in: Abschreckung und Entspannung (Anm. 100), 567—597 (580). Später allerdings einigte man sich doch auf den Teilteststoppvertrag. Zu weiteren

Wie immer aber letztlich das Schicksal derartiger einseitiger Initiativen auch sein mag, hat der einseitig erklärende und / oder handelnde Staat doch eines zu bedenken: Wenn er keine gegenläufige Vorsorgen trifft, kann es geschehen, daß er eines Tages qua Estoppel aufgrund seines Verhaltens einseitig verpflichtet wird.[102] Will er derartige Bindungen vermeiden, wird es sich empfehlen, daß er sein Verhalten in gewisser Weise qualifiziert und etwa seinen einseitigen freiwilligen Zugeständnissen die Bedingung hinzufügt, daß sie ihn nur insofern zu binden vermögen, als auch die andere Seite entsprechende Verpflichtungen übernimmt. Es ist bezeichnend, daß die Atommächte ihre in den Jahren 1957—1961 vorgebrachten Moratoriumsvorschläge bzgl. der Einstellung von Kernwaffentests regelmäßig mit derartigen Kautelen versehen haben.[103]

Beispielen vgl. *Menzel* (Anm. 100), 762 ff. Ein Beispiel aus jüngster Zeit ist der zunächst von den westlichen Staaten praktizierte Verzicht auf eine Nachrüstung im Bereich der Mittelstreckenraketen in Europa. Auch hier hat der durch diese Maßnahme angesprochene Partner, die Sowjetunion, seinerseits keine Anstalten ergriffen, um jene einseitige Vorleistung durch entsprechenden Rüstungsverzicht zu honorieren.

[102] Siehe dazu ausführlicher *Jörg P. Müller*, Vertrauensschutz im Völkerrecht, Köln — Berlin 1971, insb. 5 ff.

[103] Vgl. die Nachweise bei *Stahl* (Anm. 101), 578 ff.

IV. Zur normativen Begründung des VBM-Konzepts im geltenden Völkerrecht

Im folgenden soll geprüft werden, ob und inwieweit das VBM-Konzept im geltenden Völkerrecht begründet ist, eine rechtliche Grundlage findet, es sich auf bestimmte Vorschriften des geltenden Völkerrechts zurückführen läßt. Diese Frage kann einmal so spezifiziert werden, daß geprüft wird, ob und inwieweit sich aus geltendem Völkerrecht eventuell eine Verpflichtung zur Vereinbarung und Verwirklichung von VBM ableiten ließe. Alternativ wäre die Frage so zu formulieren, daß untersucht würde, ob und inwieweit das VBM-Konzept zumindest — auch i. S. einer diskursiven Begründung — seine Legitimationsbasis in bestimmten Völkerrechtssätzen findet.

Als am einschlägigsten für eine eventuelle völkerrechtliche Begründung des VBM-Konzepts wird zunächst das völkerrechtliche Gewaltverbot erscheinen. Hier wie dort geht es um die Einhegung militärischer Gewalt; ein unmittelbarer Zusammenhang scheint insofern daher sofort gegeben. Dieser Zusammenhang soll im folgenden näher untersucht werden.

1. Das völkerrechtliche Gewaltverbot als rechtliche Grundlage für das VBM-Konzept?

a) Das Gewaltverbot im geltenden Völkerrecht

Das moderne Völkerrecht ist gekennzeichnet durch die Existenz eines allgemeinen Gewaltverbots.[104] Positiv-rechtlichen Niederschlag fand dieses Verbot in Art. 2, Abs. 4 der Satzung der Vereinten Nationen. Aufgrund des allgemeinen Gewaltverbots ist die Anwendung sowie die Androhung von Gewalt in den internationalen Beziehungen, die sich gegen die territoriale Unversehrtheit oder die politische Unabhängigkeit eines Staates richtet oder sonstwie mit den Zielen der VN unvereinbar ist, untersagt. Welche Handlungen im einzelnen unter den Begriff der so

---

[104] Zur geschichtlichen Entwicklung dieses Gewaltverbots siehe *Otto Kimminich*, Das Problem der Friedenssicherung im Völkerrecht des 20. Jahrhunderts, in: *Georg Picht / Constanze Eisenbart* (Hrsg.), Frieden und Völkerrecht, Stuttgart 1973, 295—347 (295 ff.); *Hanspeter Neuhold*, Internationale Konflikte — verbotene und erlaubte Mittel ihrer Austragung, Wien — New York 1977, 56 ff.; *Albrecht Randelzhofer*, Use of Force, in: *Rudolf Bernhardt* (Hrsg.), Encyclopedia of Public International Law, Amsterdam — New York — Oxford, 4. Lieferung 1982, 265—275 (265 ff.).

verbotenen Gewalt fallen, ist umstritten. Im Kern jedenfalls unumstritten ist, daß das Gewaltverbot die Androhung und Anwendung militärischer wie nicht-militärischer bewaffneter, darüber hinaus jeglicher physischer Gewalt[105], sei es in direkter, sei es in indirekter Form[106], umfaßt.[107] Das Gewaltverbot gilt allerdings nicht absolut; vielmehr sind eine Reihe von Ausnahmen zugelassen. Die wichtigste unter ihnen ist — neben den Zwangsmaßnahmen des Sicherheitsrates der VN gem. Kap. VII SVN und den Maßnahmen gegen die „Feindstaaten" des 2. Weltkrieges gem. Art. 53 und Art. 107 SVN — das Recht auf individuelle oder kollektive Selbstverteidigung gem. Art. 51 SVN.[108]

Ein notwendiges Korrelat zum Gewaltverbot stellt das Gebot der friedlichen Streitbeilegung dar (Art. 2, Abs. 3 SVN): Wenn es den Staaten auf der einen Seite verboten sein soll, ihre Konflikte auf gewaltsamem, nicht-friedlichem Weg zu lösen, muß es ihnen auf der anderen Seite notwendigerweise geboten — und auch möglich — sein, diese auf friedliche Weise zu lösen. Gewaltverbot und Gebot der friedlichen Streitbeilegung stellen also gewissermaßen zwei Seiten einer Medaille dar; man könnte letztere Norm dabei als „Komplementärnorm" der ersteren auffassen. Zur praktischen Verwirklichung des Gebots der friedlichen Streitbeilegung stellt das Völkerrecht ein umfangreiches Instrumentarium zur Verfügung.[109]

Das Ziel, das mit dem Verbot der Anwendung von Gewalt erreicht werden soll, der Zustand, den es bewirken will, ist die Abwesenheit (physischer, bewaffneter, insbesondere militärischer) Gewalt in den internationalen Beziehungen, insbesondere die Abwesenheit von Krieg („Friede").[110] Das Ziel, das andererseits mit dem Verbot der Androhung

---

[105] Dazu *Rolf M. Derpa*, Das Gewaltverbot der Satzung der Vereinten Nationen und die Anwendung nichtmilitärischer Gewalt, Bad Homburg v.d.H. 1970, 25 m.w.N.

[106] *Randelzhofer* (Anm. 104), 268; *Derpa* (Anm. 105), 18 ff.

[107] Vgl. dazu zusammenfassend *Randelzhofer* (Anm. 104), 267 ff.; weitere Konkretisierungen hat die „Friendly Relations"-Deklaration (Anm. 11) gebracht; siehe dazu auch *Bernt Graf zu Dohna*, Die Grundprinzipien des Völkerrechts über die freundschaftlichen Beziehungen und die Zusammenarbeit zwischen den Staaten, Berlin 1973, 50 ff.; *Neuhold* (Anm. 104), 215 ff. Einen — wenn auch nicht sehr erfolgreichen — Versuch in die gleiche Richtung stellt die Aggressionsdefinition der Generalversammlung der VN dar, GA Res. 3314 (XXIX) vom 14. 12. 1974; dazu auch *Thomas Bruha*, Die Definition der Aggression, Berlin 1980.

[108] *Randelzhofer* (Anm. 104), 270 ff.

[109] Vgl. Art. 33 SVN. Zum Prinzip der friedlichen Streitbeilegung siehe statt vieler *Neuhold* (Anm. 104), 357 ff.; *Dohna* (Anm. 107), 134 ff.

[110] Soweit letzteres, also die Abwesenheit von Krieg, gemeint ist, kann als Zielbegriff auch der herkömmliche Begriff des Friedens (i. S. von Nicht-Krieg) eingesetzt werden (sog. negativer, d. h. negativ umschriebener Friede). Daneben kennt das Völkerrecht, insbesondere auch die SVN, die Vorstellung des sog. positiven Friedens, also einer Ordnung, die durch ein zunehmendes Maß sozialer Gerechtigkeit gekennzeichnet ist. Dazu *Jost Delbrück*, Rechtsprobleme der

von Gewalt erreicht werden soll, ist wohl nicht Friede im eben definierten Sinne, sondern etwas anderes. In Ermangelung einer bündigen und griffigen Bezeichnung soll der von diesem Verbot angestrebte Zustand zunächst einmal als „Abwesenheit physischer (bewaffneter, militärischer) Bedrohung" definiert werden.[111]

b) Unmittelbare Ableitung des VBM-Konzepts aus dem völkerrechtlichen Gewaltverbot?

Läßt sich nun das VBM-Konzept unmittelbar auf das völkerrechtliche Gewaltverbot zurückführen, mit diesem begründen, von diesem unmittelbar ableiten? Und zwar auch in dem Sinne, daß sich mit dem Gewaltverbot unmittelbar die Pflicht begründen ließe, VBM zur Gewährleistung jenes Verbots zu vereinbaren und zu verwirklichen? Um es vorwegzunehmen: Die Frage ist cum grano salis mit Nein zu beantworten. Dies ist zunächst in bezug auf den Teilaspekt des Verbots der *Anwendung* von Gewalt zu begründen. Der Zustand, den es mittels des Verbots der Anwendung von Gewalt herzustellen gilt, ist — wie oben dargelegt — die Abwesenheit (physischer, bewaffneter, insbesondere militärischer)

Friedenssicherung durch Sicherheitsrat und Generalversammlung der Vereinten Nationen, in: *Wilhelm A. Kewenig* (Hrsg.), Die Vereinten Nationen im Wandel, Berlin 1975, 131—155 (133 ff.); *Albrecht Randelzhofer*, Der normative Gehalt des Friedensbegriffes im Völkerrecht der Gegenwart, in: *Delbrück* (Anm. 6), 13—39 (15 ff.).

[111] Die Unterschiedlichkeit dieser beiden Ziele des völkerrechtlichen Gewaltverbots wird u. E. in der wissenschaftlichen Diskussion zu wenig in Rechnung gestellt. Für beides wird relativ unkritisch der Begriff „Friede" (i. S. von Nicht-Krieg) verwendet, obwohl es sich ja bei der Androhung von Gewalt jedenfalls nicht um Krieg im landläufigen Sinn handelt. Vielmehr ist die „Gewalt" bei der Androhung von Gewalt auf einer anderen Ebene als die kriegerische Anwendung von Gewalt, sozusagen eine Stufe vor dieser, angesiedelt. Die Abwesenheit der Bedrohung durch (militärische, physische) Gewalt nähert sich dabei dem Zustand, der gemeinhin mit dem Begriff des „positiven Friedens" umschrieben wird. Vielleicht ist zur adäquaten Erfassung dieser Problematik des Gewaltverbots bzw. der Friedenssicherung in der Tat das von *Ernst-Otto Czempiel*, Frieden und Sicherheit als außen- und innenpolitische Konzepte aus politologischer Sicht, in: *Delbrück* (Anm. 6), 77—92 (82 ff.), entwickelte Modell des Friedens als Prozeß hilfreich. Frieden wird in diesem Sinne als ein auf einem Kontinuum festmachbarer Zustand begriffen, dessen beide Pole durch die Zustände „Anwendung physischer (militärischer) Gewalt" einerseits, bzw. „soziale Gerechtigkeit" andererseits bezeichnet sind, wobei Friede jeweils ein Zustand wäre, der sich vom Fixpunkt „Anwendung physischer (militärischer) Gewalt" hin zum zweiten Fixpunkt „soziale Gerechtigkeit" entwickelt. Der Zustand der „Abwesenheit der Drohung mit physischer (militärischer) Gewalt" wäre dementsprechend irgendwo auf diesem Kontinuum zwischen den beiden genannten Polen anzusiedeln. — Gleichwohl werden im folgenden die beiden Zustände „Abwesenheit physischer (militärischer) Gewalt" und „Abwesenheit der Drohung mit physischer (militärischer) Gewalt" gemeinsam behandelt. Dies ist aufgrund der Fassung des völkerrechtlichen Gewaltverbots, das ja beide Zustände umfaßt, in gewisser Weise vorgezeichnet. Allerdings wird im folgenden in begrifflicher Hinsicht dennoch weiterhin unterschieden werden.

Gewalt. Das VBM-Konzept wäre dann in einen direkten, unmittelbaren Bezug zu diesem Verbot zu bringen, wenn es seinerseits darauf abstellte, dieses Ziel mittels seines Instrumentariums zu verwirklichen. Wie aber weiter oben gezeigt wurde, ist es nicht unmittelbare Aufgabe von VBM, den Zustand der Abwesenheit der Anwendung von Gewalt herzustellen. Dies gilt sowohl für transparenzfördernde VBM als auch für operationell-restriktive V(S)BM. Erstere wollen — und sind auch entsprechend konstruiert — lediglich Information vermitteln, nicht aber unmittelbar die Anwendung von Gewalt verhindern. Aber auch operationell-restriktive V(S)BM sollen zunächst nur die Sicherheit erhöhen, daß Gewalt nicht angewendet wird; die Anwendung von Gewalt selber sollen — und können — sie nicht verhindern. Zu letzterem wären, um ein Beispiel zu geben, etwa „peace-keeping forces", die sich zwischen zwei Kontrahenten eines bewaffneten Konfliktes schieben, in der Lage; sie — bzw. das theoretische Konzept, das ihre Anwendung rationalisiert — könnten dann ggfs. im Sinne unserer Fragestellung auf unmittelbare Art und Weise vom völkerrechtlichen Gewaltverbot abgeleitet werden.

Negativ ist aber auch die Frage nach der unmittelbaren Ableitung des VBM-Konzepts aus dem Gewaltverbot in bezug auf den zweiten Teilaspekt dieses Verbots, das Verbot der *Androhung* von Gewalt, zu beantworten. Dies gilt zweifellos im Hinblick auf transparenzfördernde VBM; im Hinblick auf operationell-restriktive V(S)BM sind einige Ausnahmen denkbar.

Der Zustand, der mittels jenes Verbots hergestellt werden soll, ist die Abwesenheit der Drohung mit (physischer, bewaffneter, insbesondere militärischer) Gewalt, Ziel also, Drohungen zu verhindern. Nun sind aber transparenzfördernde VBM sicherlich nicht so gestaltet, daß sie solche Drohungen verhindern könnten. Wie sollte durch Informationsgewinnung eine Gewaltdrohung denn verhindert werden? Eine unmittelbare Zurückführung solcher VBM auf das völkerrechtliche Verbot der Androhung von Gewalt erscheint insofern also nicht möglich.

Allenfalls könnten gewisse operationell-restriktive V(S)BM als Mittel, eine Drohung mit Gewalt unmittelbar verhindern bzw. unmöglich machen zu können, angesehen werden. So ließe sich sagen, daß eine operationell-restriktive V(S)BM, die den Partnern einer entsprechenden Vereinbarung jeweils den Aufbau bzw. die Unterhaltung einseitiger militärischer Überkapazitäten verbietet, im Hinblick auf diese Kapazitäten zumindest die *manifeste* Drohung mit Gewalt unmöglich macht. *Explizite* Formen der Gewaltandrohung aber blieben auch bei einem solchen Szenario weiterhin möglich, da ein Partner ja auch mit derart beschnittenen Kapazitäten, ja, theoretisch gesehen, sogar noch mit unterlegenen Kräften Drohungen aussprechen könnte.

Ist nun angesichts dieser Befunde aber ein Bezug des VBM-Konzepts zum völkerrechtlichen Gewaltverbot überhaupt nicht herzustellen? Wir meinen, daß dies doch möglich ist. Allerdings ist dieser Bezug lediglich auf indirektem Wege, nämlich unter Bezugnahme auf das Ziel „Sicherheit", herstellbar. Dieser Weg soll im folgenden dargelegt werden.

c) *Die Absicherung des Gewaltverbots — Friede und Sicherheit*

Ausgangspunkt unserer — indirekten — Ableitung des VBM-Konzepts aus dem völkerrechtlichen Gewaltverbot hat zunächst die Überlegung zu sein, daß die beiden als Ziele des Gewaltverbots genannten Zustände der Abwesenheit der Anwendung von Gewalt, bzw. der Abwesenheit der Drohung mit Gewalt solange gefährdet sind (und in der politischen Realität auch immer wieder verletzt werden), als keine Vorsorgen getroffen und wirksam werden, die eine derartige Gefährdung der beiden genannten Ziele / Zustände verhindern. Aufgrund dieser Überlegung ergibt sich in der Folge das Bedürfnis der (zunächst) faktischen Absicherung jener zwei Verbote. Worum es geht, ist einmal, die *Sicherheit* zu geben, daß der Friede nicht gebrochen wird / werden kann (bzw. daß dann, wenn der Friede doch gebrochen worden ist, er auf schnellstem Wege wiederhergestellt wird / werden kann), und zum anderen, daß eine Bedrohung mit physischer (militärischer) Gewalt nicht stattfindet / stattfinden kann. Dabei verstehen wir „Sicherheit" in einem objektiven Sinn derart, daß die Gewähr gegeben ist, daß jene Ereignisse nicht eintreten (können).[112]

Das Völkerrecht hat jenem Bedürfnis der Absicherung des Gewaltverbots durch Sicherheitsmaßnahmen dadurch Rechnung getragen, daß es (militärische) Sicherheit, neben dem Gewaltverbot, ebenfalls zum *Normativ*ziel erhoben hat. In diesem Sinne spricht Art. 1, Abs. 1 SVN davon, daß es eines der Ziele der VN sei, „den Weltfrieden und die internationale Sicherheit" (international peace and security) zu wahren.[113] Der in dieser Bestimmung der SVN in bezug auf die Kategorie der internationalen Sicherheit zum Ausdruck gebrachte Normativbefehl bedeutet

---

[112] Unter Sicherheit im subjektiven Sinne wäre dagegen das *Gefühl* zu verstehen, vor einem Friedensbruch, bzw. einer Gewaltdrohung sicher zu sein; siehe dazu *Hans-Joachim Schütz*, Zur Rationalität des Zielkatalogs und des Friedenssicherungsinstrumentariums der Schlußakte der Konferenz über Sicherheit und Zusammenarbeit in Europa (KSZE), in: Jahrbuch für Internationales Recht 18 (1975), 146—203 (153 ff.), m.w.N. Zum Begriff der Sicherheit und den Problemen seiner Definition allgemein *Daniel Frei / Peter Gaupp*, Das Konzept „Sicherheit" — Theoretische Aspekte, in: *Klaus-Dieter Schwarz* (Hrsg.), Sicherheitspolitik, 3. Aufl. Bad Honnef-Erpel 1978, 3—16; *Gert Krell*, Die Entwicklung des Sicherheitsbegriffs, in: Beiträge zur Konfliktforschung 10 (1980), Heft 3, 33—57.

[113] Zuvor war dieses Normativziel das erste Mal in der Völkerbundsatzung genannt worden. Siehe dazu ausführlicher *Stephan Verosta*, Der Begriff „internationale Sicherheit" in der Satzung der Vereinten Nationen, in: Festschrift für *Alfred Verdross*, München — Salzburg 1971, 533—547 (538 f.).

konkret, daß die Staaten die Pflicht haben, die Gewähr zu geben und demzufolge auch entsprechende Vorsorgen zu treffen, daß a) der Friede nicht gebrochen wird / werden kann, oder m.a.W., daß Gewalt nicht angewendet wird / werden kann, sowie b) daß auch nicht mit Gewalt gedroht wird / werden kann.

„Weltfriede" und „internationale Sicherheit" stellen im vorliegenden Zusammenhang keine Synonyma dar. Vielmehr handelt es sich dabei um zwei voneinander verschiedene Ziele[114]; die durch sie beschriebenen Zustände müssen nicht notwendigerweise zusammenfallen. Bemerkenswert in diesem Zusammenhang ist allerdings, daß diese Unterscheidung in der völkerrechtlichen Literatur — soweit ersichtlich — bislang relativ wenig Beachtung gefunden hat, die eigenständige Rolle der Kategorie „internationale Sicherheit" nicht angemessen gewürdigt worden ist. Meist wird über diese Unterscheidung hinweggegangen, werden die beiden Begriffe unkritisch als Synonyma behandelt, oder aber die beiden Begriffe werden zwar auseinandergehalten, in der Folge eine ausführlichere Analyse und Würdigung der Kategorie der internationalen Sicherheit aber unterlassen.[115]

Zwei Beispiele mögen verdeutlichen, daß es sich bei „Weltfrieden" und „internationaler Sicherheit" in der Tat um zwei verschiedene Kategorien handelt. Zunächst das — zugegebenermaßen extreme — Beispiel des Hegemonialfriedens: In einer solchen Situation herrscht einerseits zwar sicherlich Friede i. S. der Nichtanwendung militärischer Gewalt, i. S. von Nicht-Krieg — „garantiert" durch die Hegemonialmacht; andererseits herrscht aber für die restlichen Staaten eines solchen Friedenssystems sicherlich keine Sicherheit (i. S. der Gewähr, daß ein militärischer Angriff auf sie nicht stattfinden wird und ebenso, daß eine Drohung mit Gewalt nicht stattfinden wird). Das zweite Beispiel bezieht sich auf eine

---

[114] So auch *Verosta* (Anm. 113), 533, 535, 541 f.; ebenso *Heinz Vetschera*, International Law and International Security: The Case of Force Control, in: German Yearbook of International Law 24 (1981), 144—165 (145 f.).

[115] So wird diese Unterscheidung in einem der grundlegenden Kommentare zur SVN (*Leland M. Goodrich / Edvard Hambro / Anne Patricia Simons*, Charter of the United Nations. Commentary and Documents, 3. Aufl. New York — London 1969) so gut wie überhaupt nicht thematisiert. In einer früheren Ausgabe dieses Werkes (2. Aufl. Boston 1949) war zumindest in Ansätzen auf diese Problematik eingegangen worden (a.a.O., 93). Berücksichtigt wird die Unterscheidung jedoch etwa bei *Alf Ross*, Constitution of the United Nations. Analysis of Structure and Function, Kopenhagen 1950, 110. Problembewußt insofern auch *Verosta* (Anm. 113) und *Vetschera* (Anm. 114), sowie *Hagen Stock*, Der völkerrechtliche Sicherheitsbegriff und seine Abgrenzung zum Friedensbegriff, Jur. Diss. Würzburg 1974, insb. 100 ff. Etwas mehr als den lapidaren Satz, daß „Weltfrieden" in der SVN „am häufigsten . . . mit dem unbestimmten Begriff der internationalen Sicherheit . . . gebraucht" werde, hätte man sich dagegen in einer Arbeit wie der von *Michael Schäfer*, Die Funktionsfähigkeit des Sicherheitsmechanismus der Vereinten Nationen, Berlin — Heidelberg — New York 1981 (17), erwartet.

Situation, die nicht so fernliegt wie die eben skizzierte Konstellation, welche vielmehr zu den für die internationalen Beziehungen typischen, immer wieder in Erscheinung tretenden Lagen zählt: In ihr herrscht einerseits zwar Friede i. S. von Nicht-Krieg; andererseits ist in ihr aber aufgrund einer Instabilität der militärischen Beziehungen die Sicherheit, daß jener Friedenszustand bestehen bleiben wird, nicht absolut gegeben.[116] In beiden Beispielsfällen besteht nun zwar zwischen den beiden Zuständen Friede und Sicherheit ein engerer Zusammenhang. Im ersteren in dem — negativen — Sinn, daß die Aufrechterhaltung des ersteren die Negation des zweiten darstellt; im zweiten — in positiver Verknüpfung — derart, daß die Bedrohung bzw. Nichtexistenz des einen Zustandes, nämlich des der Sicherheit, auch die Existenz des anderen, des des Friedens, bedroht, bzw. auch positiv formuliert, die Existenz des einen auch die Existenz des anderen gewährleistet. Gleichwohl sind die beiden Ziele als etwas voneinander Unterschiedenes aufzufassen. Man könnte allenfalls — in Abwandlung des weiter oben für das Verhältnis des Gewaltverbots zum Gebot der friedlichen Streitbeilegung („Komplementärnorm" zum Gewaltverbot) entwickelten Begriffsinstrumentariums — das Gebot der Aufrechterhaltung der internationalen Sicherheit als „Supplementärnorm" zum Gewaltverbot bezeichnen, und zwar in dem Sinne, daß die Verwirklichung des einen Normativzieles auch der Verwirklichung des anderen nützt und dessen Geltungskraft unterstützt. Statistisch gesprochen, steigt mit dem Maß der Effizienz der Maßnahmen der internationalen Sicherheit auch das Maß der Wahrscheinlichkeit, daß der Weltfriede gewahrt bleibt.[117]

Festzuhalten bleibt also, daß die beiden in der SVN genannten Normativziele „Weltfriede" und „internationale Sicherheit" zwei unterschiedliche Kategorien und Ziele darstellen. In diesem Sinne hebt jedenfalls auch die KSZE-Schlußakte die beiden Kategorien Friede und Sicherheit klar voneinander ab, indem sie sie, etwa in ihrer Präambel, neben anderen, als selbständige und gleichwertige Ziele anführt. Die entsprechende Stelle lautet: „Von dem politischen Willen getragen, . . . in Europa zum Frieden, zur Sicherheit, zur Gerechtigkeit und zur Zusammenarbeit . . . beizutragen . . .".[118]

---

[116] Es ist dies wohl die Situation, die zur Zeit in Europa, aber auch weltweit herrscht und die auch in den letzten Jahrhunderten — sofern nicht gerade Krieg geführt worden ist — die längste Zeit geherrscht hat.

[117] In diesem Sinne *Vetschera* (Anm. 114), 146.

[118] In ähnlicher Weise mag als weiterer Beleg für die hier vertretene These auch die von der VN-Generalversammlung am 16. 12. 1970 verabschiedete „Declaration on the Strengthening of International Security" (GA Res. 2734 [XXV]) herangezogen werden. In ihrer Präambel wird an zwei Stellen zunächst „Sicherheit" ebenfalls, neben anderen Zielen, die die VN und ihre Mitgliedstaaten fördern wollen — nämlich einmal Frieden, Abrüstung und wirtschaftlicher und sozialer Fortschritt, bzw. das andere Mal Friede und Zusammen-

Zur Begründung der Sinnhaftigkeit, bzw. der Notwendigkeit der Annahme eines eigenständigen, vom Gewaltverbot unterschiedenen völkerrechtlichen Gebots der Wahrung der internationalen Sicherheit läßt sich ein weiteres Argument anführen, welches seine Begründungskraft, zumindest für den europäischen Kontext, aus dem Wesen des modernen Kriegs, insbesondere aus der Zerstörungskraft der heute zur Verfügung stehenden Waffen (in erster Linie zwar der atomaren, darüber hinaus aber durchaus auch der konventionellen) bezieht. Wenn heute der Ausbruch eines Krieges die Auslöschung ganzer von ihm betroffener Völker, Zivilisationen, etc. (zumindest aber wesentlicher Teile derselben) bedeuten kann, dann wird die Daseinsberechtigung einer Völkerrechtsnorm, die darauf abzielt, bereits die Voraussetzungen einer Kriegsverhinderung zu schaffen, unmittelbar einsichtig. Allein ein Gewaltverbot, welches lediglich den Akt des Friedensbruches als solchen, der bereits jene oben apostrophierte Zerstörung bedeuten kann, verbietet, nichts aber zur Vorsorge der Verhinderung des Eintritts dieses Aktes beiträgt, wäre zu wenig.[119]

---

arbeit —, als eigenständiges Ziel angeführt („. . . to promote peace, security, disarmament and economic and social progress . . ."; bzw.: „. . . to build peace, security, and cooperation in the world . . ."). Desgleichen geschieht im 2. sowie im 21. operativen Paragraphen der Resolution. In § 2 heißt es u. a., „that States shall settle their international disputes in such a manner that international peace and security and justice are not endangered". In § 21 wiederum wird ein Konnex hergestellt zwischen der Aufgabe, die wirtschaftliche Lücke zwischen entwickelten und Entwicklungsländern zu schließen, und dem „strengthening of the security of all nations and the establishment of lasting international peace". In beiden Fällen wird also — durch die jeweilige Wortwahl und Satzstellung verdeutlicht — „internationale Sicherheit" als ein von den anderen Zielen kategorial durchaus abgehobenes Ziel betrachtet. Im 25. operativen Paragraphen der Resolution schließlich heißt es, daß die Generalversammlung „considers that the promotion of international cooperation, including regional, subregional and bilateral cooperation among States, in keeping with the provisions of the Charter . . . can contribute to the strengthening of international security". In dieser Bestimmung wird internationale Sicherheit also sogar alleinstehend als ein Ziel der VN herausgestellt. Ebenso in § 26 der Deklaration. Die Staatenpraxis ist hierzu aber nicht einheitlich. So wurde nämlich andererseits in der im Jahre 1982 verabschiedeten „Manila Declaration on the Peaceful Settlement of International Disputes" (A/RES/37/10 vom 15. 11. 1982) der Begriff „security" eng mit dem des „international peace" verbunden und dieser so entstandene neue Begriff seinerseits wiederum klar von einem anderen, in diesem Zusammenhang einschlägigen Begriff, nämlich dem der „justice", geschieden. Die entsprechende Textstelle (in der Präambel sowie im 2. operativen Paragraphen des I. Teiles der Deklaration) lautet dann: „. . . international peace and security, and justice, . . .". Hier wurde also die Eigenständigkeit des Begriffes „security" wieder aufgegeben. Zu allgemeiner Kritik an der Manila-Deklaration siehe *Michael Koch*, Stillstand unter der Flagge des Fortschritts. Die Erklärung von Manila zur friedlichen Streitbeilegung, in: Vereinte Nationen 1983, 124—126.

[119] In diesem Sinne auch *Krell* (Anm. 102), 38. In diesem Sinne verstehen wir auch *Vetschera* (Anm. 114), 165, der in Ergänzung zum bestehenden „ius ad bellum" sowie „ius in bello" die Entwicklung eines „ius prae bello" bzw. „ius ad praeventionem belli" fordert.

d) *Mittel zur Erhöhung der Sicherheit — Die Rolle der Rüstungskontrolle und von VBM / V(S)BM*

Auf welche Weise läßt sich nun die internationale Sicherheit erhöhen, bzw. in bestimmten Fällen erst herstellen?

Die Staatengesellschaft hat verschiedene Instrumentarien entwickelt, die als Beitrag zur Beantwortung dieser Frage gedacht sind. Als die wichtigsten herkömmlichen von ihnen militärischer Natur sind zunächst zu nennen das der kollektiven Sicherheit[120] sowie das der Abschrekkung.[121] Daneben wird seit einiger Zeit eine andere Strategie verfolgt, die ebenfalls qua definitione auf die Schaffung bzw. Erhöhung internationaler Sicherheit abzielt, nämlich die der Rüstungskontrolle (oder „-steuerung").[122] Rüstungskontrolle ist dabei als die Gesamtheit derjenigen auf den militärischen Faktor abzielenden Maßnahmen zu verstehen, die bewirken sollen, daß die internationale Sicherheit aufrechterhalten / geschaffen / erhöht wird, um so den Ausbruch eines Krieges unwahrscheinlicher zu machen. Zu jenen Maßnahmen kann einmal die (substantielle) Beschränkung von Rüstungen und Streitkräften gehören (wobei eine solche Beschränkung in der Form kontrollierter Abrüstung, kontrollierten Einfrierens auf einem gegebenen Stand, aber auch kontrollierter Aufrüstung bis zu einem vereinbarten Stand erfolgen kann). Rüstungskontrolle kann aber auch in Gestalt anderweitiger sicherheits- (stabilitäts-, etc.)fördernder Maßnahmen erfolgen. Darunter zählen Maßnahmen zur Beschränkung der Verfügbarkeit militärischer Apparate ebenso wie Regeln und Mechanismen des Krisenmanagements oder auch Maßnahmen des Informationsaustausches, durch den deutlich gemacht werden soll, daß die betreffenden Staaten keinerlei sicherheitsgefährdende Aktivitäten im Schilde führen und der insofern stabilitäts- und damit seinerseits sicherheitsfördernd wirkt.[123] Sofort wird deutlich, daß

---

[120] Dazu *Jost Delbrück*, Collective Security, in: *Bernhardt* (Anm. 104), 3. Lieferung 1982, 104—114; *Karl-Ulrich Meyn*, Das Konzept der kollektiven Sicherheit, in: *Schwarz* (Anm. 112), 111—129.

[121] Und zwar das der Abschreckung mittels atomarer wie konventioneller Waffen. Zum Konzept der Abschreckung vgl. *Klaus-Dieter Schwarz / William R. Van Cleave*, Die Theorie der Abschreckung, in: *Schwarz* (Anm. 112), 131—149. — Neben Sicherheitsinstrumenten rein militärischer Natur sind auch noch andere, z. B. das der zwischenstaatlichen Verflechtung im sozio-ökonomischen Bereich, denkbar; vgl. dazu etwa *Schütz* (Anm. 112), 191 ff., m.w.N. Eine fundamentale Sicherheitspolitik schließlich wird sich der Beseitigung der Kriegsursachen selbst zuwenden; siehe dazu auch *Karl-Ulrich Meyn*, Kriegsverbot und Gewaltverbot, in: *Delbrück* (Anm. 2), 35—47 (45 ff.).

[122] Allerdings kommt dies in ihrer Bezeichnung so nicht ganz zum Ausdruck: „*Rüstungs*steuerung (arms control)" dürfte die Ambitionen wie auch Möglichkeiten des Konzepts nicht vollständig wiedergeben. *Vetschera* (Anm. 114), 152 ff., hat daher die Bezeichnung „*force* control (*Gewalt*kontrolle/-steuerung)", die dem Wesen des Konzepts gerechter werde, vorgeschlagen.

mit jenen Maßnahmen unmittelbar auch der Bereich der VBM / V(S)BM angesprochen ist. Es ist an das zu erinnern, was oben zu den Funktionen von VBM / V(S)BM in Hinblick auf die Gewährleistung der internationalen Sicherheit gesagt worden ist.[124] Jedenfalls sind VBM / V(S)BM demgemäß auch als Komponenten des Konzepts der Rüstungskontrolle zu begreifen. In dieser Eigenschaft aber stellen sie ein Instrument zur Gewährleistung des völkerrechtlichen Grundsatzes der internationalen Sicherheit dar. In der Folge wird man daher sagen können, daß insofern das Konzept der VBM / V(S)BM im völkerrechtlichen Grundsatz der internationalen Sicherheit auch eine (zumindest legitimatorische) rechtliche Basis findet, insofern in ihm begründet ist. Jener Grundsatz der internationalen Sicherheit ist seinerseits wiederum eng mit dem Prinzip des völkerrechtlichen Gewaltverbots verknüpft; von hier aus ist dann der — indirekte — Bezug auch des VBM-Konzepts zum Gewaltverbot gegeben.

Die weitergehende Frage, nämlich ob sich aus dem Prinzip der internationalen Sicherheit in der Folge auch eine konkrete Verpflichtung

---

[123] Zum Konzept der Rüstungskontrolle vgl. eingehender *Hans-Joachim Schütz*, Arms Control, in: *Bernhardt* (Anm. 104), 3. Lieferung 1982, 34—38. Rüstungskontrolle kann dabei — gleich wie die Konzeptionen der kollektiven Sicherheit und der Abschreckung — einmal als Instrument angesehen werden, das wie diese unmittelbar zur Sicherheit, daß der Friede nicht gebrochen wird / werden kann, beiträgt. Es kann aber auch als Instrument angesehen werden, das auch zur Effektuierung jener beiden Sicherheitsinstrumente beiträgt und insofern auch auf mittelbare Weise dem Ziel der Sicherung des Friedens dient. Das Gesamtverhältnis von Gewaltverbot (sowie seines Komplementärteiles, des Gebots der friedlichen Streitbeilegung), kollektiver Sicherheit, Abschreckung sowie Rüstungskontrolle ließe sich in einem Schaubild dann wie folgt darstellen:

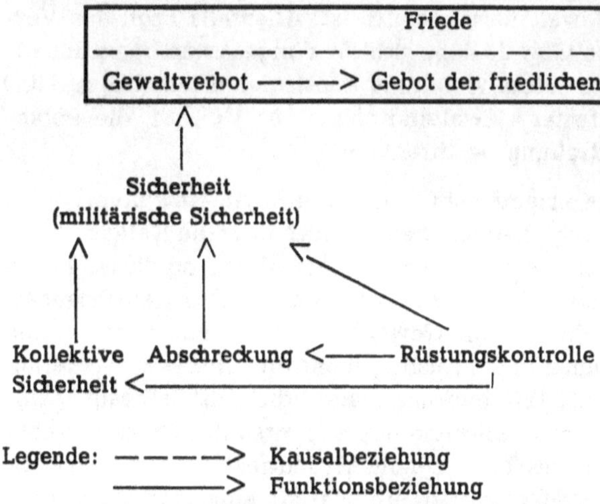

[124] S. 18 f. und 21 f.

der Staaten, VBM zu vereinbaren und zu verwirklichen, ableiten läßt, wird man dagegen wohl verneinen müssen. Zwar spricht der Grundsatz der internationalen Sicherheit, wie er in Art. 1, Abs. 1 SVN seinen Niederschlag findet, eine grundsätzliche Verpflichtung der Staaten aus, Sicherheitsvorsorgen zu treffen, die bewirken sollen, daß der Friede nicht gebrochen wird / werden kann, bzw. daß Gewaltandrohung nicht stattfindet / stattfinden kann. Allerdings ist die diesbezügliche Vorschrift sehr allgemein gehalten; jedenfalls ist sie nicht insoweit konkretisiert worden, daß aus ihr die Pflicht zu bestimmten konkreten Maßnahmen, die die Staaten in Verfolg jenes Zieles der internationalen Sicherheit zu ergreifen hätten, wie eben etwa VBM / V(S)BM, ablesbar wäre. Hier müßte erst noch eine entsprechende Konkretisierung erfolgen, damit man in der Folge sagen könnte, eine Verpflichtung zu VBM lasse sich unmittelbar aus dem Prinzip der internationalen Sicherheit ableiten.

e) Fazit

Eine direkte Ableitung des VBM-Konzepts aus dem völkerrechtlichen Gewaltverbot, insbesondere in dem Sinne, daß aufgrund jenes Gewaltverbots eine Pflicht zur Vereinbarung und / oder Verwirklichung von VBM abzuleiten wäre, ist — mit einigen Ausnahmen — nicht möglich.

Dies gilt einmal in bezug auf transparenzfördernde VBM, für die eine unmittelbare Ableitung weder aus dem Teilverbot der Anwendung von Gewalt noch aus dem der Androhung von Gewalt möglich ist.

Dies gilt zum anderen aber auch in bezug auf operationell-restriktive V(S)BM insoweit, als eine solche Ableitung zumindest aus dem Verbot der Anwendung von Gewalt nicht möglich ist. Allenfalls bzgl. des Verbots der Androhung von Gewalt ließe sich für einige Arten operationell-restriktiver V(S)BM eine solche Ableitung konstruieren (nämlich in Hinblick auf Formen manifester Gewaltandrohung für V(S)BM, die Potentiale solcher Gewaltandrohung beschränken).

Ein Bezug des VBM-Konzepts zum völkerrechtlichen Gewaltverbot ist jedoch auf indirektem Wege herzustellen, nämlich über die Kategorie der internationalen Sicherheit: Insofern, als die Verwirklichung dieses Zieles „internationale Sicherheit" die Verwirklichung des Zieles „Abwesenheit der Anwendung / Androhung von Gewalt" fördert, und insofern, als VBM / V(S)BM als Instrumente der Rüstungskontrolle ihrerseits wiederum zur Verwirklichung des Zieles „internationale Sicherheit" beitragen, tragen VBM / V(S)BM zur Verwirklichung der Absichten des Gewaltverbots bei und sind insofern in diesem — zumindest indirekt — zu begründen. Diese Begründung beschränkt sich allerdings auf eine legitimatorische Anbindung. Eine konkrete Pflicht zur Vereinbarung und etwaigen Verwirklichung von VBM / V(S)BM läßt sich — wegen des zu allgemeinen und abstrakten Charakters des Verpflichtungsanspruches des völkerrechtlichen Grundsatzes der internationalen Sicherheit — auch auf diesem Wege nicht begründen.

2. Das Prinzip der Zusammenarbeit der Staaten als rechtliche Grundlage für das VBM-Konzept?

Als nächstes erscheint der völkerrechtliche Grundsatz der Zusammenarbeit zwischen den Staaten als besonders einschlägig zur völkerrechtlichen Begründung des VBM-Konzepts. Der Grundsatz der Zusammenarbeit zwischen den Staaten findet sich bereits in der SVN. In Art. 1, Abs. 3 wird als ein Ziel der VN genannt, eine internationale Zusammenarbeit herbeizuführen, um internationale Probleme wirtschaftlicher, sozialer, kultureller und humanitärer Art zu lösen. In Art. 56 SVN wiederum verpflichten sich die Mitgliedstaaten sogar, gemeinsam und jeder für sich mit der VN-Organisation zusammenzuarbeiten, um die in Art. 55 niedergelegten Ziele, die ihrerseits wiederum im großen und ganzen mit dem Zielkatalog des Art. 1, Abs. 3 SVN übereinstimmen, zu erreichen. Dieses Prinzip der Zusammenarbeit der Staaten wurde in der Folge weiter entwickelt und konkretisiert. Eine diesbezüglich wichtige Rolle kommt der bereits weiter oben gelegentlich erwähnten „Friendly Relations"-Deklaration zu.[125] In ihr wurde das Prinzip wie folgt umschrieben: „States have the duty to co-operate with one another irrespective of the differences in their political, economic and social systems, in the various spheres of international relations, in order to maintain international peace and security and to promote international economic stability and progress, the general welfare of nations and international co-operation free from discrimination based on such differences." Und weiter heißt es: „To this end, States shall co-operate with other States in the maintenance of international peace and security . . .". Hinsichtlich der betreffenden Verpflichtung sind im Vergleich zu den zuvor genannten einschlägigen Bestimmungen der SVN also zwei wesentliche Weiterungen eingetreten, nämlich zum einen, daß Adressat der betreffenden Kooperationsverpflichtung nach der „Friendly Relations"-Deklaration nunmehr alle Staaten sind (und nicht mehr nur die VN-Mitgliedstaaten, wie sich dies aus Art. 1, Abs. 3 und Art. 56 SVN ergibt); und zum zweiten — und dies ist für unseren Zusammenhang besonders relevant —, daß in den Kreis derjenigen Sachbereiche, in denen Staaten gemäß jener Verpflichtung zusammenarbeiten sollen, auch der Bereich des Weltfriedens und der internationalen Sicherheit einbezogen wurde. VBM / V(S)BM sind nun zweifellos Formen der zwischenstaatlichen Zusammenarbeit auf dem

---

[125] Vgl. oben Anm. 11.

Gebiet der Sicherung des Weltfriedens und der Gewährleistung internationaler Sicherheit. Insofern wäre der Konnex zu jenem Prinzip gegeben, eine Rückführung, eine normative Begründung des VBM-Konzepts in jenem Prinzip möglich.

Allerdings ist die Geltungskraft des Prinzips der Zusammenarbeit zwischen den Staaten umstritten. Einmal wird, insofern auch Bezug nehmend auf den rechtlich unverbindlichen Charakter der „Friendly Relations"-Deklaration als einer VN-Generalversammlungsresolution, argumentiert, daß die oben zitierten Passagen der Deklaration, die sich mit der Pflicht der Zusammenarbeit auf dem Gebiet der Sicherung des Weltfriedens sowie der Gewährleistung internationaler Sicherheit beschäftigen, nur in beschränktem Maße allgemein anerkanntes Völkerrecht wiedergäben.[126]

Zum zweiten aber wird auf den vagen Charakter der Zusammenarbeitsverpflichtung abgestellt. Das „relativ abstrakte Prinzip der Zusammenarbeit" begründe lediglich „eine abstrakte Verpflichtung, deren konkrete Ausformung auf spezifische Anwendungssituationen . . . dem einzelnen Staat und dessen subjektivem Ermessen überlassen bleibt."[127] Es falle schwer, „das Bestehen einer Zusammenarbeitspflicht für alle Staaten und in allen Bereichen der internationalen Beziehungen nach universellem Völkergewohnheitsrecht ohne zusätzliche vertragliche Grundlage zwischen den Beteiligten nachzuweisen. Ähnlich wie bei den Menschenrechtsbestimmungen der UNO-Charta ist die Pflicht zur Zusammenarbeit . . . so allgemein gefaßt, daß sich daraus keine klaren, unbestreitbaren Verhaltensvorschriften im Einzelfall ergeben."[128] In einem Lehrbuch des Völkerrechts schließlich heißt es kurz und bündig, daß es sich bei der Zusammenarbeitsbestimmung der „Friendly Relations"-Deklaration nicht so sehr um eine „juristisch verwertbare Grundpflicht als vielmehr um ein Zukunftsprogramm" handele.[129] Man kann den Meinungsstand zur Geltungskraft des Prinzips der Zusammenarbeit zwischen den Staaten also dahingehend zusammenfassen, daß das Prinzip in gewisser Weise zwar als normatives Leitziel der Staatengesellschaft anerkannt wird, daß es aber so allgemein und vage sei, daß sich aus ihm im konkreten Einzelfall keine unmittelbaren Rechte und Pflichten für die beteiligten Staaten ergäben. Vielmehr bedürfe das Prinzip im gegebenen Fall — durch eine entsprechende Vereinbarung zwischen den betreffenden Staaten — erst noch der weiteren Konkretisierung und Präzisierung, um in diesem Fall unmittelbar Rechte und Pflichten zu begründen. Eine

---

[126] So etwa *Dohna* (Anm. 107), 192.

[127] *Dohna* (Anm. 107), 189, 191.

[128] *Hanspeter Neuhold*, Die Pflicht zur Zusammenarbeit zwischen den Staaten: Moralisches Postulat oder völkerrechtliche Norm?, in: Festschrift für *Alfred Verdross*, Berlin 1980, 575—606 (598).

[129] *Friedrich Berber*, Völkerrecht, Bd. I, 2. Aufl. München 1975, 225; im Ergebnis ähnlich *Verdross / Simma* (Anm. 58), 251 f.

konkrete Verpflichtung für die beteiligten Staaten ergebe sich dann jedenfalls immer nur aus der jeweiligen Konkretisierungsvereinbarung, nicht aber schon aus dem allgemeinen Zusammenarbeitsgrundsatz.

Diesem Befund ist im großen und ganzen wohl zuzustimmen. Gleichwohl steht dem andererseits doch nicht entgegen, das VBM-Konzept als eine Form der Zusammenarbeit zwischen Staaten auf jenes Prinzip zurückzuführen, jenes Prinzip als eine völkerrechtliche Grundlage für das VBM-Konzept anzusehen. In diesem Sinne wird denn hier auch die Meinung vertreten, daß das VBM-Konzept in der Tat mit jenem Prinzip korrelierbar ist, ja, daß es geradezu diejenige Konkretisierung des Prinzips darstellt, die in der Völkerrechtslehre gefordert wird, damit das allgemeine Prinzip der Zusammenarbeit zwischen den Staaten überhaupt konkrete Geltungswirkung entfalten könne. Jene Pflicht der Staaten zur Zusammenarbeit erstreckt sich dabei ohne jeden Zweifel auch auf den Bereich der Maßnahmen zur Erhaltung des Weltfriedens und der internationalen Sicherheit.[130] Zwar wird dieser Bereich in den eingangs erwähnten Bestimmungen der SVN (Art. 1, Abs. 3 und Art. 56) in der Tat nicht angeführt. Allerdings findet der Gedanke der Pflicht zur Zusammenarbeit zum Zwecke der Wahrung von Weltfrieden und internationaler Sicherheit an zahlreichen anderen Stellen der SVN deutlichen Ausdruck, und zwar — außer in der Präambel — in Art. 1, Abs. 1; Art. 11, Abs. 1; Art. 13, Abs. 1, lit. a; sowie Art. 33, Abs. 1.

An dieser Stelle ist jedoch noch ein gewichtiges Caveat bzgl. der praktischen politischen Arbeit mit dem gegenständlichen Prinzip anzubringen. Es ist nämlich daran zu erinnern, daß eine Seite im internationalen politischen Prozeß, nämlich der Block der sozialistischen Staaten, das Prinzip der Zusammenarbeit — gegründet auf die Doktrin der Friedlichen Koexistenz — in ganz bestimmter Weise versteht: Friedliche Koexistenz sowie insbesondere die Zusammenarbeit zwischen den Staaten hätten — aus sowjetischer / sozialistischer Sicht — der Stärkung der Kräfte des sozialistischen Lagers und der Veränderung des internationalen Kräfteverhältnisses zu deren Gunsten zu dienen, um somit letztlich — pointiert formuliert — den Endsieg von Sozialismus / Kommunismus im Weltmaßstab zu ermöglichen[131]. Diese auf eine bestimmte Ideologie ausgerichtete Interpretation des Begriffs, bzw. des Grundsatzes der Zusammenarbeit zwischen den Staaten haben die westlichen Staaten also in Rechnung zu stellen, wenn sie in einer internationalen

[130] So auch *Neuhold* (Anm. 128), 594.

[131] Vgl. dazu etwa *D. B. Lewin*, Grundprobleme des modernen Völkerrechts, in: Drei sowjetische Beiträge zur Völkerrechtslehre, Hamburg 1969, 59—306 (81 ff.); ferner *Valerij Nikolaevič Egorov*, Friedliche Koexistenz und revolutionärer Prozeß, Berlin (Ost) 1972, 184 ff. Vgl. dazu jüngst auch *Günther Wagenlehner*, Friedliche Koexistenz und ideologischer Kampf, in: Beiträge zur Konfliktforschung 13 (1983), Heft 3, 33—51.

Vereinbarung, an der auch sozialistische Staaten beteiligt sind, das VBM-Konzept durch einen Rückgriff auf das Prinzip der Zusammenarbeit zwischen den Staaten völkerrechtlich begründen und legitimieren möchten.

Fazit: Das Prinzip der Zusammenarbeit zwischen den Staaten ist als eine mögliche völkerrechtliche Grundlage für das VBM-Konzept anzusehen.

Der praktische Wert dieses Ergebnisses wird jedoch insofern eingeschränkt, als der Begriff der Zusammenarbeit zwischen den Staaten teilweise ideologisch befrachtet ist (kommunistische Doktrin der Friedlichen Koexistenz).

3. Das Prinzip der Guten Nachbarschaft als rechtliche Grundlage für das VBM-Konzept?

Als letztes soll geprüft werden, ob sich das Prinzip der Guten Nachbarschaft im Rahmen unserer Fragestellung fruchtbar machen läßt. Das Prinzip der Guten Nachbarschaft findet sich in der Präambel der SVN. Dort heißt es, daß „die Völker der Vereinten Nationen fest entschlossen" seien, „als gute Nachbarn in Frieden miteinander zu leben".[132] Eine Bekräftigung dieser Bestimmung findet sich auch in der Präambel der „Friendly Relations"-Deklaration sowie jüngst im 1. operativen Paragraphen der Manila-Deklaration über die friedliche Beilegung internationaler Streitigkeiten.[133] Was jedoch dieses Prinzip im einzelnen impliziert, wird nicht gesagt. Die Staatenpraxis und die Praxis internationaler Organisationen geben nur beschränkt Hinweise darauf, was unter „guter Nachbarschaft" zu verstehen sei; in den wenigen Fällen, in denen das Prinzip etwas spezifiziert wird, wird der Kerngehalt des Prinzips auf den Grundsatz der Nichteinmischung zurückgeführt; daneben bezeichnet es eine Art ökonomischen Standard.[134] Ende 1982 hat aller-

---

[132] Außerdem findet sich das Prinzip in der SVN noch in deren Art. 74. Dort heißt es, daß die Mitglieder der Vereinten Nationen sich ferner darin einig seien, daß die Politik, die sie für die unter dieses Kapitel fallenden Hoheitsgebiete verfolgen, nicht minder auf dem allgemeinen Grundsatz der guten Nachbarschaft in sozialen, wirtschaftlichen und Handelsangelegenheiten beruhen muß als die Politik, die sie für ihr Mutterland befolgen. Das Kapitel, in dem Art. 74 steht und auf das sich vorstehende Äußerung bezieht, ist das Kapitel über die „Non-Self-Governing Territories" (Kap. XI).

[133] Textfundstellen Anm. 11 bzw. Anm. 118.

[134] Vgl. dazu ausführlicher *Hans-Joachim Schütz*, Der völkerrechtliche Rahmen zur Bekämpfung von Flugzeugentführungen und anderen Terrorakten gegen die internationale Zivilluftfahrt, in: Österreichische Juristen-Zeitung 30 (1975), 225—239 (236 f.) m.w.N. Nachzutragen als Beispiel dafür, daß Staaten dem Grundsatz der guten Nachbarschaft in einer zwischenstaatlichen Abmachung Raum, und zwar an durchaus prominenter Stelle, gegeben haben, bleibt der Grundlagenvertrag aus dem Jahre 1972 zwischen der Bundesrepublik Deutschland und der Deutschen Demokratischen Republik (Text in: BGBl. 1973 II, 423 ff.),

dings der Generalsekretär der VN einen Arbeitsbericht zum Thema „Prinzip der Guten Nachbarschaft", in dem die Ansichten einer Reihe von Staaten zu Inhalt und Geltungskraft dieses Prinzips wiedergegeben werden, vorgelegt, der möglicherweise Ansatzpunkt für eine einerseits umfassende und andererseits theoretisch durchdachte Weiterentwicklung jenes Prinzips werden könnte.[135] Z. Zt. geben die dort zusammengestellten Vorstellungen jedoch noch ein sehr heterogenes und konturenloses Bild ab. So ist unter den Staaten zunächst umstritten, ob das gegenständliche Prinzip überhaupt als Rechtsprinzip anzusehen sei oder nicht: Während einige Staaten die Ansicht vertreten, daß das Prinzip der Guten Nachbarschaft ein Rechtsgrundsatz sei, wird dies von anderen Staaten bestritten und dem Prinzip stattdessen „primarily a political content" beigemessen.[136] Noch unterschiedlicher sind die Ansichten zum möglichen Inhalt des Prinzips: So wurden einmal verschiedene Einwirkungen seitens eines Staates auf einen anderen Staat als nicht in Einklang mit dem Prinzip der Guten Nachbarschaft stehend qualifiziert. Im einzelnen wurden hier als Beispiele solcher Einwirkungen angeführt etwa die Anwendung oder Androhung von Gewalt, Grenzverletzungen, Nichtbeachtung der Unabhängigkeit, Souveränität und Gleichheit der Staaten, „Domination", „Hegemonie" und „Paternalismus", die Einmischung in innere Angelegenheiten von Staaten, die Beeinträchtigung von Sicherheitsinteressen von Staaten, die Destabilisierung der Regierung eines Staates oder die Begehung oder Unterstützung von Akten des Terrorismus gegen einen anderen Staat.[137] Bezugspunkt all dieser Vorstellungen ist im wesentlichen also in der Tat wieder der Nichteinmischungsgrundsatz, bzw. das Gewaltverbot. Eine zweite größere Gruppe von Vorstellungen kreist um den Gedanken der Zusammenarbeit zwischen den Staaten. Im einzelnen wird hierbei etwa gesprochen von der Zusammenarbeit im politischen, wirtschaftlichen, kulturellen, wissenschaftlichen und technischen Bereich allgemein, insbesondere aber zur Errichtung einer Neuen Weltwirtschaftsordnung, von der Zusammenarbeit in Grenzregionen zwischen Nachbarstaaten, z. B. zur gemeinsamen Bestimmung umstrittener Grenzverläufe, zum Zwecke des Umweltschutzes oder in Notfällen, oder auch von der Beseitigung von Behinderungen des freien Verkehrs von Menschen, Sach- und kulturellen Gütern in Grenzgebieten.[138] Besonders

---

in dessen Art. 1 sich die beiden Vertragspartner verpflichten, „normale gutnachbarliche Beziehungen" zu entwickeln. Zur Frage der Bedeutung dieser Bestimmung statt vieler *Georg Ress*, Die Rechtslage Deutschlands nach dem Grundlagenvertrag vom 21. Dezember 1972, Berlin — Heidelberg — New York 1978, 229 ff.

135 Development and Strengthening of Good-Neighbourliness between States. Report of the Secretary General, UN Doc. A/37/476 vom 26. 10. 1982 (im folgenden: Report). Siehe dazu auch A/RES/37/117 vom 16. 12. 1982.

136 Vgl. Report (Anm. 135), §§ 8, 9 und 26.

137 Report (Anm. 135), §§ 10, 11, 23 sowie 28—33.

138 Vgl. etwa Report (Anm. 135), §§ 13, 15, 16, 18, 38—44, 47 und 48.

relevant für unseren Zusammenhang erscheinen die weiteren Vorstellungen, daß zu Guter Nachbarschaft auch der Verzicht auf die Stationierung von Interventionstruppen bzw. die Stationierung von Truppen entlang von Grenzen gehöre sowie die Verwirklichung solcher Maßnahmen wie die Errichtung demilitarisierter Grenzzonen, der Verzicht auf militärische Manöver in Grenznähe oder die Ankündigung größerer militärischer Manöver und Truppenbewegungen.[139] Schließlich wurde als Inhalt des Prinzips der Guten Nachbarschaft auch der Schutz und die Förderung der Menschenrechte postuliert. Nicht fehlen durfte ferner der nun offensichtlich schon obligate Hinweis auf die Bekämpfung von „Apartheid", „Kolonialismus", „Neo-Kolonialismus" und „Rassismus".[140]

Die Völkerrechtslehre hat ihrerseits versucht, das Prinzip weiterzuentwickeln, ohne dabei allerdings bislang zu nennenswerten Ergebnissen gekommen zu sein. Im wesentlichen reduziert sich das Ergebnis diesbezüglich auf die Erkenntnis, daß Wesen und Inhalt dieses Prinzips im Völkerrecht weitgehend ungeklärt seien.[141] Zwar sei es einerseits wohl als ein Rechtsprinzip anzusehen, das aber andererseits — in sich selbst keine vollkommene Form — nur die Grundlage für andere Normen sei und sich in diesen Normen seinerseits erst zu verwirklichen suche.[142] Derartige „Konkretisierungsnormen" werden dann insbesondere im internationalen Nachbarrecht[143], im internationalen Handels- und Wirtschaftsrecht[144], insbesondere im Verbot des Rechtsmißbrauchs und dem Gebot der bona fide-Erfüllung völkerrechtlicher Verpflichtungen[145] sowie im Gebot der Zusammenarbeit der Staaten ausgemacht.[146]

139 Report (Anm. 135), §§ 20 und 51.

140 Report (Anm. 135), §§ 10 und 12.

141 Insofern deckt sich der Befund der Wissenschaft auch mit dem des Berichtes des VN-Generalsekretärs, der diesbezüglich von einem „relatively unexplored field" spricht. Report (Anm. 135), § 5.

142 So etwa *Friedrich August von der Heydte*, Das Prinzip der guten Nachbarschaft im Völkerrecht, in: Festschrift für *Alfred Verdross*, Wien 1960, 133—145 (133 f.).

143 Etwa *von der Heydte* (Anm. 142), 135; *Verdross / Simma* (Anm. 58), 503 ff.; *Erik Suy*, Leerboek van het Volkenrecht, Bd. II, Löwen 1973, 260. Allgemein zum Nachbarrecht *Juray Andrassy*, Les relations internationales de voisinage, in: Recueil de Cours 79 (1951 II), 77—181.

144 *Georg Schwarzenberger*, The Principles and Standards of International Economic Law, in: Recueil de Cours 117 (1966 I), 1—98 (9, 65).

145 *Schwarzenberger* (Anm. 144), 88; *von der Heydte* (Anm. 142), 136; *Georg Dahm*, Völkerrecht, Bd. I, Stuttgart 1958, 192. *Günter Handl*, Territorial Sovereignty and the Problem of Transnational Pollution, in: American Journal of International Law 69 (1975), 50—76 (56), stellt ebenfalls einen Konnex zwischen den Grundsätzen der guten Nachbarschaft und des Verbots des Rechtsmißbrauchs her, sieht allerdings umgekehrt den ersteren als eine Konkretisierung des letzteren an.

146 *Dahm* (Anm. 145), 192; spezifisch in Hinblick auf den Grundlagenvertrag zwischen der BRD und der DDR *Ress* (Anm. 134), 251. Vgl. zusammenfassend auch noch einmal *Schütz* (Anm. 134), 237 m.w.N.

Welchen gemeinsamen Nenner nun alle jene Rechtsnormen, außer dem der Verpflichtung zu gemeinschaftsverträglichem Verhalten allenfalls, aufweisen, ist nicht klar zu erkennen. Jedenfalls ist eine normative Anbindung des VBM-Konzepts insofern nicht möglich. Zu prüfen wäre jedoch, inwieweit das VBM-Konzept auf einen der genannten Einzelbereiche des Völkerrechts, in denen das Prinzip der Guten Nachbarschaft vorgeblich Ausdruck finden soll, zurückzuführen sein könnte. Einschlägig erscheint in diesem Zusammenhang zunächst das Gebot der Zusammenarbeit der Staaten. In bezug darauf darf aber auf das im vorigen Abschnitt zu diesem Prinzip Gesagte verwiesen werden.

Darüber hinaus könnte man versuchen, das VBM-Konzept, insbesondere was transparenzfördernde VBM betrifft, zu dem ebenfalls häufiger im Zusammenhang mit dem Prinzip der Guten Nachbarschaft genannten völkerrechtlichen Nachbarrecht in Beziehung zu bringen. In den Kanon derjenigen verschiedenen Rechtsnormen, die in ihrer Gesamtheit das völkerrechtliche Nachbarrecht ausmachen sollen, wird gelegentlich auch die Pflicht, in bestimmten Situationen (z. B. im Fall grenzüberschreitender Umweltschädigung) Informationen zu übermitteln, eingeschlossen.[147] In dem Maße, in dem man nun erstens nachweisen könnte, daß das Nachbarrecht als solches in der Tat als Emanation des Prinzips der Guten Nachbarschaft aufzufassen wäre, man zweitens Informationspflicht als wesentlichen Bestandteil des Gesamtkomplexes „völkerrechtliches Nachbarrecht" identifizieren könnte, und man drittens (transparenzfördernde) VBM — nur solche erscheinen im gegebenen, auf der Grundlage der Kategorie „Information" aufbauenden Kontext einschlägig — als Instrumente, die Information vermitteln, auch noch als Bestandteile jenes Nachbarrechts begreifen könnte, ließe sich eine derartige Ableitung und Begründung des VBM-Konzepts (zumindest was transparenzfördernde VBM betrifft) aus bzw. mit jenem Prinzip der Guten Nachbarschaft konstruieren. — Zunächst ist dazu aber festzustellen, daß militärische (transparenzfördernde) VBM bislang nicht — weder in Theorie noch in Praxis — dem Rechtsbereich des Nachbarrechts zugerechnet worden sind. Insofern könnte man die aus VBM ggfs. erwachsenden Informationspflichten allenfalls als zu den Informationspflichten des herkömmlichen Nachbarrechts *analoge* Pflichten auffassen, diesbezüglich eine Ableitung aus dem Grundsatz der Guten Nachbarschaft allenfalls in Analogie konstruieren. Zum zweiten aber sind — abgesehen davon, daß ja noch nicht einmal sicher ist, ob die im Vorgehenden apostrophierte Informationspflicht in der Tat allgemein als wesentlicher Bestandteil des völkerrechtlichen

[147] Vgl. dazu nur den 3. Bericht des Sonderberichterstatters der International Law Commission der VN, *Robert Quentin Quentin-Baxter*, zum Thema „International Liability for Injurious Consequences Arising out of Acts Not Prohibited by International Law", UN Doc. A/CN. 4/360 vom 23. 6. 1982; oder *Eberhard Klein*, Umweltschutz im völkerrechtlichen Nachbarrecht, Berlin 1976, 302 ff.

Nachbarrechts angesehen wird — Zweifel darüber angebracht, ob jene Verknüpfung Nachbarrecht — Prinzip der Guten Nachbarschaft so als tragfähige Basis für die Begründung des VBM-Konzepts im Grundsatz der Guten Nachbarschaft herangezogen werden kann. Jene Korrelation von Guter Nachbarschaft und Nachbarrecht wird so ja nur von der Lehre — und nicht einmal in ihrer Gesamtheit, sondern allenfalls von einigen wenigen ihrer Vertreter — hergestellt; die Staatenpraxis aber hat eine solche Korrelation — soweit ersichtlich — nicht hergestellt.[148] Doch selbst wenn angenommen werden könnte, daß das Nachbarrecht als Emanation des Prinzips der Guten Nachbarschaft gelten könne, wäre erst noch nachzuweisen, daß auch der Informationsaspekt des Nachbarrechts gemeinhin dem Prinzip der Guten Nachbarschaft subsumiert wird. Solches ist jedoch — bis auf wenige Fälle[148a] — bislang nicht erfolgt. An sich wird — wenn überhaupt — lediglich das Nachbarrecht als solches, sozusagen „global", dem Prinzip der Guten Nachbarschaft subsumiert. Dies alles legt endlich den Schluß nahe, daß insofern eine Ableitung des VBM-Konzepts (wenn auch nur des Teiles des Konzepts, der transparenzfördernde VBM zum Gegenstand hat) aus dem Völkerrechtsgrundsatz der Guten Nachbarschaft nicht zu vertreten ist.

Von den anderen oben genannten Vorschriften, die als Inkarnationen des Grundsatzes der Guten Nachbarschaft angesehen werden, würden natürlich diejenigen über das Verbot der Stationierung von Truppen in Grenznähe, die Pflicht zur Ankündigung militärischer Manöver oder Truppenbewegungen usw. die ideale rechtliche Basis für entsprechende VBM / V(S)BM abgeben. Allerdings geben die betreffenden Ansichten in keinem Fall geltendes Völkerrecht wieder. Insofern eröffnet sich auch über diese Konstruktionen kein Weg zu einer normativen Begründung des VBM-Konzepts, bzw. auch nur einzelner VBM / V(S)BM, im Grundsatz der Guten Nachbarschaft. Man wird die betreffenden Aussagen im Bericht des VN-Generalsekretärs denn auch vielmehr als rechtspolitisches Postulat zu verstehen haben, und zwar in dem Sinne, daß derartige Maßnahmen, bzw. auf ihrer Grundlage entwickelte Rechtssätze als Beiträge zur *künftigen* Ausgestaltung und Konkretisierung des z. Zt. noch so vagen Grundsatzes der Guten Nachbarschaft herangezogen werden könnten. Darauf werden wir im folgenden Abschnitt noch einmal zurückkommen.

Fazit: Das Prinzip der Guten Nachbarschaft, welches sowohl hinsichtlich seiner rechtlichen Qualität als auch hinsichtlich seines Inhaltes und

[148] Interessanterweise wird das Nachbarrecht auch im oben angeführten Bericht des VN-Generalsekretärs (Anm. 135) nicht direkt angesprochen.

[148a] So etwa *Dietrich Rauschning* (Berichterstatter), Legal Aspects of the Conservation of the Environment, in: International Law Association, Report of the 58th Conference held at Manila (1978), London 1980, 384—411 (407).

seiner Grenzen nicht klar bestimmbar ist, eignet sich nicht zur völkerrechtlichen Begründung des VBM-Konzepts.

4. Zusammenfassung

Das VBM-Konzept läßt sich völkerrechtlich im Prinzip der internationalen Sicherheit sowie im Prinzip der Zusammenarbeit zwischen den Staaten begründen. In bezug auf das Gewaltverbot ist dies auf unmittelbare Art und Weise nicht, sondern allenfalls auf indirekte Weise — über das Prinzip der internationalen Sicherheit — möglich. Die Ableitung einer konkreten *Pflicht* zur Vereinbarung und etwaigen Verwirklichung von VBM / V(S)BM allerdings ist aus keinem der genannten Völkerrechtsgrundsätze möglich.

V. Der mögliche Beitrag der Praktizierung von VBM/V(S)BM zur Weiterentwicklung und Konkretisierung des Völkerrechts

Nachdem im vorigen IV. Abschnitt versucht worden war zu eruieren, ob und inwieweit das VBM-Konzept im geltenden Völkerrecht eine normative Grundlage und Stütze findet, bzw. aus ihm ggfs. ableitbar ist, soll in diesem Abschnitt — in gewisser Weise mit umgekehrter Blickrichtung — der Frage nachgegangen werden, ob und inwieweit die Praktizierung bestimmter VBM / V(S)BM ihrerseits zur Entwicklung des Völkerrechts und seines Normenbestandes beitragen kann. Im einzelnen hätte man sich dies in der Regel so vorzustellen, daß zunächst bestimmte VBM / V(S)BM in kontinuierlicher Weise gehandhabt würden, sich die betreffenden Staaten in der Folge an diese Praxis „gewöhnen" würden und schließlich eine entsprechende „opinio" über die Rechtmäßigkeit und / oder Notwendigkeit jener Handlungsweise entstünde — dem Wesen nach also der gleiche Prozeß, der gemeinhin zur Entwicklung von Völkergewohnheitsrecht führt, wobei es in unserem Fall vom Grundsätzlichen her gleichgültig ist, ob jene VBM / V(S)BM zunächst nur in nicht-rechtlicher, aber anderweitig verbindlicher Weise vereinbart, gar auf zunächst völlig unverbindliche Art praktiziert oder aber von vorneherein schon in den Rahmen einer rechtlich verbindlichen (z. B. vertraglichen) Übereinkunft gestellt worden wären.[149] Wesentlich wäre nur, daß am Ende des Prozesses eine „opinio iuris sive necessitatis" stünde. Die VN-Expertenstudie hat diesen Vorgang — zunächst für bloß „politisch" bindende VBM — sehr anschaulich beschrieben.[150] Selbstverständlich ist in diesem Zusammenhang, daß das so entwickelte neue Völkerrecht zunächst nur unter den am betreffenden Rechtsschöpfungsprozeß unmittelbar beteiligten Akteuren Geltung hätte, sich in der Folge daraus aber durchaus auch allgemeines Völker(gewohnheits)recht bilden könnte.

Dafür, daß sich auf solche Weise aufgrund einzelner praktischer Maßnahmen, bzw. einzelner spezieller rechtlicher Vereinbarungen und Normierungen in der Folge allgemeinere rechtliche Prinzipien entwickelt, „herauskristallisiert" haben, gibt es aus anderen Bereichen des Völkerrechts durchaus Beispiele. So wurde etwa für den Standard, bzw. das Prinzip der Gleichstellung der Rassen nachgewiesen, daß sich dieser

[149] Zu diesen Unterscheidungen siehe noch einmal oben S. 40 ff.

[150] Vgl. oben bei Anm. 74.

Standard, bzw. dieses Prinzip aus einer Vielzahl einzelner, zunächst nur für konkrete Einzelsituationen geschaffener Normierungen allmählich zu einem allgemeinen Standard, zu einem Bestandteil des allgemeinen Völkerrechts, eben zum allgemein verbindlichen Gebot der Gleichstellung der Rassen, bzw. negativ formuliert, zum allgemeinen Verbot der Rassendiskriminierung entwickelt hat.[151]

Dabei muß nicht immer nur an die Entwicklung völlig neuer und eigenständiger Völkerrechtsnormen gedacht werden. Vielmehr kann ebenso gut sein, daß die betreffenden, aufgrund entsprechender VBM / V(S)BM-Praxis neu geformten rechtlichen Verhaltensmuster ihrerseits zu anderen bereits existierenden, etwa: allgemeineren Völkerrechtsnormen in Beziehung zu setzen sind, ggfs. mit der Absicht, diese, in aller Regel noch weiter konkretisierungs- und auffüllbedürftigen allgemeineren Rechtsnormen zu konkretisieren und zu präzisieren. Auf diese Möglichkeit spielt die VN-Expertenstudie über VBM an, wenn sie sagt, daß „the implementation of each specific measure thus helps to translate the existing general principles of international law into concrete action, thereby enhancing their validity"[152], wobei eben die Vorstellung von der „Umsetzung in konkrete Handlung" sicherlich nicht nur rein faktisch zu verstehen ist, sondern auch unter Einbezug eines rechtlichen Aspektes, nämlich, daß aufgrund jener Handlungen auch neue rechtliche (Konkretisierungs-, Spezial-, „Ausführungs"-) Normen entstehen können. Das betreffende Verfahren würde man sich dabei so vorzustellen haben, daß zunächst bestimmte Maßnahmen bzw. aus ihnen im gegebenen Fall jeweils entwickelte rechtliche Verhaltensmuster zu einem (oder mehreren) allgemeinen Völkerrechtsprinzip(ien) zu korrelieren wären, in der Folge zu prüfen und festzustellen wäre, inwieweit jene Maßnahmen bzw. die aus ihnen abgeleiteten rechtlichen Verhaltensmuster eine Konkretisierung dieser Prinzipien darstellen, und schließlich festzustellen wäre, daß die betreffenden Prinzipien fürderhin im Sinne jener Konkretisierungen definiert sind — wobei auch hier gilt, was oben in allgemeiner Hinsicht in bezug auf die derartige Neuschöpfung von Völkerrecht festgestellt worden ist, nämlich, daß jene Konkretisierungen zunächst immer nur für die beteiligten Aktionspartner Gültigkeit hätten, gleichwohl aber denkbar ist, daß sich entlang der so vorgezeichneten Linien mit der Zeit auch allgemein gültiges (hier: „konkretisiertes") Völker(gewohnheits)recht bilden könnte.

---

[151] Vgl. dazu *Jost Delbrück*, Die Rassenfrage als Problem des Völkerrechts und nationaler Rechtsordnungen, Frankfurt/Main 1971, insb. 39 ff.

[152] Study (Anm. 10), § 90. Vgl. auch § 40.

1. Die Entwicklung einschlägigen neuen Völkerrechts aufgrund der Praktizierung bestimmter transparenzfördernder VBM

Als erstes soll geprüft werden, inwieweit sich aufgrund der Praktizierung bestimmter transparenzfördernder VBM einschlägiges neues Völkerrecht bilden kann.

a) Die Entwicklung eines Völkerrechtsprinzips der Offenheit

aa) Formulierung des Prinzips

Ziel transparenzfördernder VBM, und zwar zunächst transparenzfördernder VBM i.e.S. — also etwa der regulären Ankündigung von Manövern oder anderen Truppenbewegungen, sei es in Grenznähe oder aber auch im Inneren des Territoriums beteiligter Staaten; des Austausches von Manöverbeobachtern und / oder Militärdelegationen; der Einrichtung von Beobachtungsposten an militärisch bedeutsamen Punkten (etwa an Verkehrsknotenpunkten); der Offenlegung von Militärhaushalten; der Bekanntgabe der Bestände an bestimmten Waffen, bestimmter Streitkräftestrukturen, usw. — ist es, wie oben ausführlicher dargelegt worden ist, dem betreffenden Staat Informationen über bestimmte militärische Angelegenheiten anderer Staaten zu vermitteln, damit das Verständnis in bezug auf diese anderen Staaten zu vergrößern und in der Folge die (militärische) Sicherheit der betreffenden Staaten zu erhöhen. Es fragt sich nun, ob sich nicht aufgrund derartiger, über längere Zeit hinweg praktizierter und mit der Zeit als (auch: rechtlich) verbindlich anerkannter VBM allmählich auch ein *allgemeines* Prinzip der Pflicht zur Information über bestimmte militärische Angelegenheiten zum Zwecke der Gewährleistung der militärischen Sicherheit der Staaten herausbilden könnte. Ein solches Prinzip könnte auch so — differenzierter — formuliert sein, daß eine Pflicht zur *Duldung* von Beschaffung einschlägiger Information, bzw. ein Verbot der Beeinträchtigung entsprechender Informationsbeschaffung statuiert würde. Man könnte das Prinzip auch allgemeiner, aber durchaus griffig, als Prinzip der „Offenheit" (principle of openness), Prinzip der „Offenheit in militärischen Angelegenheiten" (principle of openness in military matters) oder Prinzip der „Offenheit im Dienste der Erhöhung der (militärischen) Sicherheit von Staaten" (principle of openness for the purpose of strengthening the security of States) bezeichnen.

Ähnliches könnte hinsichtlich der zweiten, oben unterschiedenen Klasse transparenzfördernder VBM, nämlich derjenigen VBM, die zur Kommunikation und zum Informationsaustausch in Krisensituationen vereinbart werden, entwickelt werden. Als Beispiele für solche VBM wurden schon genannt etwa die Vereinbarung der Errichtung eines „heißen Drahtes" oder Vereinbarungen von der Art des US-amerikanisch-sowjetischen Abkommens über die Verminderung der Gefahr des Ausbruchs eines Kernwaffenkrieges aus dem Jahre 1971.[153] Auch die Aufgabe dieser VBM ist es, Informationen zu vermitteln und Transparenz herzustellen, nur eben für den Fall einer konkreten Krisensituation. So sieht das eben genannte Abkommen zwischen den USA und der Sowjetunion aus dem Jahre 1971 u. a. vor, daß sich die beiden Vertragspartner sofort gegenseitig darüber informieren werden, wenn z. B., etwa aufgrund eines Unfalles, eine Kernwaffe explodieren sollte, oder aber auch, wenn ein Abwehrsystem eines der beiden Staaten ein unidentifizierbares Flugobjekt entdecken sollte. Auch hier soll also die Information über ein bestimmtes militärisches Ereignis, eine bestimmte militärische Angelegenheit letztlich die Sicherheit der beteiligten Staaten erhöhen.[154] Entsprechend ließe sich ggfs. auch aus dieser Art von VBM ein Prinzip der Verpflichtung zur Information, ein Prinzip der „Offenheit" herleiten.

bb) Offenheit als Völkerrechtsprinzip in anderen Bereichen der internationalen Beziehungen

Ein solches Prinzip der „Offenheit", der Pflicht zur Information, wäre durchaus nicht ohne Präzedenzien im Völkerrecht. Auch in anderen Bereichen des Zusammenlebens der Staaten und in dem darauf bezogenen Völkerrecht gibt es — zumindest Ansätze für — ein solches Prinzip. So statuiert etwa Art. 198 der neuen Seerechtskonvention, der sich mit dem maritimen Umweltschutz befaßt, die Pflicht eines Staates, der Kenntnis von einer Gefährdung der marinen Umwelt erhält, unverzüglich alle Staaten, die von einer Gefährdung betroffen sein könnten, sowie die zuständigen internationalen Organisationen über jene Gefährdung zu informieren.[155] Eine ähnliche Verpflichtung enthält Art. 5 des Übereinkommens zur Zusammenarbeit bei der Bekämpfung von Ölverschmutzungen

---

[153] Textfundstelle oben Anm. 79.

[154] Allerdings mag bei dieser Unterart der transparenzfördernden VBM stärker das Element der Schadensverhütung in den Vordergrund treten als bei den anderen oben angeführten transparenzfördernden VBM (Beispiel: Ergreifen von Sicherheitsmaßnahmen, nachdem man durch die VBM über ein drohendes gefährliches Ereignis informiert worden ist). Letztlich ist aber dieses Element auch bei jenen anderen transparenzfördernden VBM stets mitzudenken; auch dort wird der betroffene Staat, nachdem er durch eine VBM (z. B. Manöverbeobachtung) über die Gefährlichkeit eines bestimmten militärischen Sachverhalts informiert worden ist, entsprechende Sicherheitsmaßnahmen zur Schadensverhütung ergreifen. Insofern besteht also kein Unterschied zwischen den beiden Arten der transparenzfördernden VBM.

[155] Convention on the Law of the Sea, Text in: UN Doc. A/Conf. 62/122 vom 7. 10. 1982. Art. 198 lautet: „When a State becomes aware of cases in which the marine environment is in imminent danger of being damaged or has been damaged by pollution, it shall immediately notify other States it deems likely to be affected by such damage, as well as the competent international organizations".

der Nordsee aus dem Jahre 1969.[156] Ebenfalls in diesem Zusammenhang zu nennen wäre der zweiseitige Vertrag zwischen der Bundesrepublik Deutschland und den Niederlanden über die Benutzung niederländischer Hoheitsgewässer und Häfen durch N. S. „Otto Hahn", ebenfalls aus dem Jahre 1969[157], der in seinem Art. 9 für den Fall, daß sich auf dem durch Kernkraft getriebenen Schiff während des Aufenthaltes dieses Schiffes in niederländischen Hoheitsgewässern oder in einem niederländischen Hafen (bzw. während der Anfahrt auf diese) ein Unfall ereignet, der die Umgebung gefährden könnte, die Verpflichtung des Kapitäns des Schiffes vorsieht, sofort die zuständigen niederländischen Behörden zu informieren und einen Bericht nach Kap. VIII, Regel 12 des Übereinkommens zum Schutz des menschlichen Lebens auf See aus dem Jahre 1960[158] zu erstatten. Die Reihe der Beispiele insbesondere aus dem Seerecht ließe sich fortsetzen.[159] Ein Beispiel aus einem völlig anderen Bereich wäre die Satzung der Europäischen Kommission zur Bekämpfung der Maul- und Klauenseuche aus dem Jahre 1953[160], deren Art. 2, Abs. 4 die Satzungsmitglieder verpflichtet, die Kommission unverzüglich über den Ausbruch der Seuche und deren Ausmaß zu informieren. Ein Beispiel aus einem weiteren Bereich der internationalen Beziehungen ist das österreichisch-tschechoslowakische Abkommen vom 18. November 1982 über den Betrieb von Kernkraftwerken an der Grenze zwischen diesen beiden Staaten[161], das für den Fall, daß in einem der von den beiden Staaten jeweils betriebenen Kernkraftwerke ein Unfall geschieht, der schädliche Auswirkungen im jeweils anderen Staat zeitigen könnte, eine entsprechende Informationspflicht statuiert. Ebenfalls in diesem Zusammenhang zu nennen sind die „Guidelines for International Co-operation with Regard to Environmental Protection in Frontier Regions"[162], in denen postuliert wird, daß die Staaten in Fällen, in denen grenzüberschreitende Umweltverschmutzung wesentliche Risiken für die auf der anderen Seite der Grenze lebenden Bevölkerungen in sich trage, den betroffenen Staaten (bzw. deren Bevölkerungen) entsprechende Informationen zukommen lassen. Schließlich ist noch das Projekt der International Law Commission (ILC) „International Liability for Injurious Conse-

[156] BGBl. 1969 II, 2067 ff.

[157] BGBl. 1969 II, 1122 ff.

[158] Dieses Übereinkommen ist in der Zwischenzeit durch ein Übereinkommen aus dem Jahre 1974 ersetzt: BGBl. 1979 II, 141 ff.

[159] Vgl. ausführlicher *Hartmut Schwarzkopf*, Staatliche Informationspflichten im Seerecht, Berlin 1975, passim.

[160] In der geänderten Fassung vom 26. 10. 1962; BGBl. 1975 II, 626 ff.

[161] Text in: Beilage Nr. 1371 zu den Stenographischen Protokollen des Nationalrates, XV. Gesetzgebungsperiode.

[162] Text in: OECD (Hrsg.), Environmental Protection in Frontier Regions, Paris 1979, 11 ff. Vgl. dazu auch den diesbezüglichen Bericht des OECD-Sekretariats, ibid., 17—54, insb. 23: „. . . it is necessary to facilitate the circulation of information on actions, initiatives or events likely to affect the environment on either side of the frontier."

quences Arising out of Acts Not Prohibited by International Law" zu erwähnen. Im Rahmen seiner Berichte zu diesem Thema ist der zuständige Sonderberichterstatter Quentin-Baxter nämlich auch auf die Frage der Informationspflicht bei grenzüberschreitenden Aktivitäten zu sprechen gekommen. Ihm zufolge hätten die Staaten in dem Fall, daß eine innerhalb ihres Territoriums stattfindende Aktivität Schädigungen von Menschen oder Sachen, die in anderen Staaten leben bzw. belegen sind, mit sich bringe(n könne), die Pflicht, die betroffenen Staaten mit allen relevanten und verfügbaren Informationen zu versorgen[163], wobei er diese Pflicht zur Information sogar als so „well-established in international law" ansieht, daß er eine diesbezügliche weitere Begründung für überflüssig hält.[164]

Gemeinsam haben die eben vorgestellten Verpflichtungen zur Information nun zweierlei: Zum einen soll die jeweils zu erstattende Information zur Erhöhung der Sicherheit der beteiligten Staaten (bzw. ihrer jeweiligen Bevölkerungen) beitragen.[165] Zum zweiten sind die jeweiligen Abmachungen dadurch gekennzeichnet, daß die jeweilige Informationsverpflichtung erst im Fall einer (möglichen) konkreten Gefährdung eines Staates, sozusagen im Notfall, zu aktualisieren wäre. Insofern sind sie Präzedenzien lediglich für ein Prinzip der Informationsverpflichtung aus transparenzfördernden VBM für den Krisenfall. Allerdings ist andererseits nicht gesagt, daß sich aus jenen einstweilen sehr spezifischen, nur auf einen konkreten Schadensfall beschränkten Verpflichtungen nicht mit der Zeit auch noch eine allgemeinere Pflicht zur Information entwickeln könnte.

In diese Richtung zielen aber bereits einige andere Verträge und sonstige internationale Abmachungen — welche demnach als Präzedenzfälle für die Informationspflicht aufgrund „normaler", nicht auf Krisensituationen beschränkter transparenzfördernder VBM fungieren können. In diesem Zusammenhang ist zunächst die „Convention on Registration of Objects Launched into Outer Space" aus dem Jahre 1974 zu nennen.[166] Dieser Vertrag sieht in seinem Art. 2 vor, daß jeder Staat, der ein Raumobjekt startet, dieses Raumobjekt in ein von ihm zu errichtendes Register eintragen soll, wobei er in der Folge den Generalsekretär der VN über die Errichtung dieses Registers informieren soll. Zusätzlich soll auch der VN-Generalsekretär, gem. Art. 3, Abs. 1 des Vertrages, ein

---

[163] 3rd Report, 23. 6. 1982, UN Doc. A/CN. 4/360, S. 25.

[164] 2nd Report, 1. 7. 1981, UN Doc. A/CN. 4/346/Add. 2, § 69.

[165] Daß „Sicherheit" durchaus nicht nur eindimensional i. S. von militärischer Sicherheit zu verstehen ist, sondern daß Sicherheit auch andere Dimensionen, z. B. ökonomische, „politische", etc. aufweist, hat dankenswerterweise jüngst wieder sehr gut *Krell* (Anm. 112) herausgestellt.

[166] Text in: ILM 14 (1974), 43 ff. (= Annex zu: GA Res. 3235 [XXIX] vom 12. 11. 1974).

Register führen, in das bestimmte (in Art. 4 des Vertrages näher spezifizierte) Daten einzutragen seien, wobei gem. Art. 3, Abs. 2 alle Vertragsstaaten vollen Zugang zu den in diesem Register enthaltenen Informationen haben sollen. In ähnlicher Weise postuliert auch der internationale Mondvertrag aus dem Jahre 1979 eine Reihe von Informationspflichten (Art. 5).[167] In Art. 4 der „Convention on Long-Range-Transboundary Air Pollution" aus dem Jahre 1979 wiederum heißt es, daß die Vertragsstaaten Informationen über ihre auf die Bekämpfung der Luftverschmutzung gerichteten Politiken, Forschungsaktivitäten und technischen Maßnahmen austauschen sollen.[168] Informiert werden soll dabei im einzelnen etwa über das Ausmaß festgestellter Emissionen, über Änderungen in den staatlichen Umweltschutzpolitiken oder industrieller Entwicklungspläne, über die Entwicklung neuer Schutztechniken oder aber auch über Kosten, die aufgrund von Emissionskontrollen entstanden seien (Art. 8). Als letztes Beispiel sei die „World Charter for Nature" aus dem Jahre 1982 genannt[169], die die Forderung erhebt, daß die Staaten in Verfolg der Aufgabe der Bewahrung der Natur zusammenarbeiten sollen einschließlich des Austausches von Information. In allen diesen Fällen wird also eine Informationspflicht generell, unabhängig von einem etwaigen konkreten schädlichen Ereignis, postuliert.

Der kurze Streifzug durch verschiedene Gefilde des Völkerrechts hat gezeigt, daß der Gedanke der „Offenheit", der „Pflicht zur Information", dem Völkerrecht durchaus nicht fremd ist. Zwar kann wahrscheinlich heute noch nicht davon gesprochen werden, daß — über den Geltungsbereich der im Vorstehenden angeführten Abmachungen hinausgehend — bereits ein derartiges allgemeines Völkerrechtsprinzip der Offenheit und der Pflicht zur Information existiert. Es könnte jedoch durchaus sein, daß sich ein solches Prinzip — ähnlich wie das hinsichtlich des völkerrechtlichen Standards der Gleichstellung der Rassen, der sich, wie oben gezeigt, ebenfalls erst aus einer Reihe entsprechender Einzelverpflichtungen zum allgemeinen Prinzip entwickelt hat, der Fall war — doch allmählich konstituieren könnte, vielleicht zunächst nur in Form eines *beschränkten* Prinzips der Offenheit und der Pflicht zur Information, beschränkt nämlich zunächst nur auf Krisensituationen, und erst später zu einem für die gesamten Beziehungen der Staaten geltenden Prinzip. Jedenfalls könnte derartiges sicherlich auch, aufgrund einschlägiger VBM-Abmachungen, für diesen Bereich der militärischen Beziehungen geschehen.

---

[167] Text in: A/RES/34/68 vom 6. 12. 1979.

[168] Text in: UN Doc. E/ECE/1010 vom 13. 11. 1979.

[169] Text in: Annex zu A/RES/37/7 vom 28. 10. 1982. Zu weiteren Informationsverpflichtungen aufgrund verschiedener Umweltschutzvereinbarungen vgl. *Klein* (Anm. 147), 302 ff.

cc) Zu Inhalt und Umfang eines Prinzips der Offenheit

Wie könnte nun ein Völkerrechtsprinzip der Offenheit für unseren Zusammenhang konkret formuliert werden? Hierzu ist zunächst zweierlei zu unterscheiden. Das eine betrifft die Formulierung des Prinzips im jeweils konkreten Einzelfall: Die endgültige Definition dessen,was im konkreten Einzelfall jeweils mit Offenheit gemeint sein soll, kann jeweils auch nur — dies liegt in der Natur der Sache — in diesem und für diesen konkreten Fall festgelegt werden. Diese Festlegung hängt dann von der jeweiligen Willenseinigung der betreffenden Partner über die Gestalt der konkret zu vereinbarenden VBM ab; im Detail wäre das Prinzip der Offenheit dann jeweils durch die konkrete VBM-Vereinbarung zwischen den betreffenden Staaten umschrieben.

Das zweite betrifft die grundsätzliche Gestaltung eines Prinzips der Offenheit. Hier kann wohl eine allgemeine Definition versucht werden: Demgemäß würde das Prinzip der Offenheit bedeuten, daß die betroffenen Staaten — allgemein formuliert — die *Pflicht* haben, *Informationen über* (im Einzelfall jeweils noch zu spezifizierende) *militärische Angelegenheiten* (in einem im konkreten Einzelfall jeweils ebenfalls noch festzustellenden Maß) *zu gewährleisten.*

Diese Verpflichtung kann dabei einmal — aktiv — so definiert sein, daß die betreffenden Staaten jene Information den Vereinbarungspartnern selbst aktiv zu geben haben. Hierbei ist eine weitere Differenzierung dieser aktiven Informationspflicht möglich, und zwar dergestalt, daß die verpflichteten Staaten jene Information entweder ohne weiteres von sich aus zu geben haben; oder, daß die verpflichteten Staaten dies erst auf Aufforderung durch einen der Vereinbarungspartner tun müssen. Letzteres könnte noch so weiterdifferenziert werden, daß jener Vereinbarungspartner die betreffende Information jederzeit, ohne konkreten Anlaß einfordern kann, oder aber, daß er sie nur dann verlangen darf, wenn ein konkreter Anlaß (etwa eine konkrete, begründbare Vermutung, daß auf seiten des ersteren Staates militärische Vorgänge stattfinden, die die Sicherheit des zweiten Staates beeinträchtigen könnten) vorliegt. Beispiele für die im Vorstehenden angesprochenen Typen von Informationsverpflichtungen sind einmal — für die Verpflichtung, aktiv von sich aus, ohne weiteres Zutun anderer, Information zu geben — die Pflicht zur Ankündigung größerer militärischer Manöver, wie sie in der KSZE-Schlußakte enthalten ist, oder aber auch die in dem US-amerikanisch-sowjetischen Übereinkommen über die Verringerung des Risikos des Ausbruchs eines Kernwaffenkrieges aus dem Jahre 1971[170] enthaltene gegenseitige Verpflichtung, sich unmittelbar über zufällige oder unauto-

---

[170] Textfundstelle Anm. 79.

risierte Kernwaffenexplosionen u. ä. zu informieren. Als Beispiele für die zweite genannte Type von Informationsverpflichtung (Information auf Aufforderung ohne nähere Begründung jener Aufforderung) können entsprechende, in einigen Entwürfen für einen Vertrag über die Beschränkung von C-Waffen aus den 70er Jahren enthaltene Bestimmungen dienen.[171] Ein Beispiel schließlich für die oben als letzte genannte Type ist Absatz 5 der Anlage zur Konvention über das Verbot der militärischen oder sonstwie feindlichen Anwendung von Techniken der Umweltveränderung (ENMOD-Konvention) aus dem Jahre 1976 i. V. m. Art. V, Abs. 2 und 3 dieser Konvention[172], demzufolge ein Staat dem in der Konvention vorgesehenen Sachverständigenausschuß, der aufgrund einer substantiierten Beschwerde eines anderen Staates, in der dieser die Verletzung der Konvention durch ersteren Staat behauptet, an den VN-Sicherheitsrat tätig wird, die entsprechenden Auskünfte zu erteilen hat.

Jene Verpflichtung, Information zu gewährleisten, kann zum anderen aber auch so definiert sein, daß der betreffende Staat zwar nicht selbst aktiv Informationen geben muß, er aber — sozusagen passiv — zumindest das — im einzelnen näher umschriebene — Sammeln von Information durch einen anderen Staat dulden muß. Beispiele dafür wären etwa die Verpflichtung, das Sammeln von Information durch Manöverbeobachter eines fremden Staates zuzulassen. Jene Verpflichtung kann dabei noch so weiterdifferenziert werden, daß der verpflichtete Staat dem informationssuchenden Staat bei seiner Informationssammeltätigkeit noch gewisse Hilfestellungen leisten muß (bei Manöverbeobachtung etwa — funktionstüchtige! — Ferngläser zur Verfügung stellen muß); oder aber er zumindest verpflichtet wäre, alles zu unterlassen, was jene Informationssammeltätigkeit beeinträchtigen bzw. deren Zweck vereiteln könnte.

Soweit zum Grundsätzlichen. Die Festlegung von Details — darauf war eingangs schon verwiesen worden — wird jeweils im konkreten Einzelfall zu erfolgen haben (und auch nur erfolgen können). Wobei es bei dieser Detailfestlegung aber entscheidend ankommt — auch dieser Aspekt war weiter oben schon einmal erörtert worden[173] — ist, daß wirklich genau und im Detail bestimmt wird, wozu die Vereinbarungspartner im einzelnen jeweils verpflichtet bzw. berechtigt sind. Die genaue, unzweideutige Festlegung der Rechte und Pflichten kann im Anwendungsfall eine Menge Streit ersparen.

---

[171] Art. VIII japanischer Entwurf für eine Konvention über das Verbot der Entwicklung, Herstellung und Lagerung chemischer Waffen und deren Vernichtung, in: Doc. CCD/420 vom 30. 4. 1974, bzw. Art. X eines entsprechenden britischen Entwurfs, in: Doc. CCD/512 vom 6. 8. 1976.

[172] Convention on the Prohibition of Military or any other Hostile Use of Environmental Modification Techniques, Text in: BGBl. 1983 II, 126 ff.

[173] Vgl. oben S. 35 f.

Abschließend ist hier noch auf eine Kontroverse über die Verwendung des Begriffes der Offenheit bei VBM-Vereinbarungen, insbesondere im Ost-West-Kontext, einzugehen. Unter Bezugnahme auf die Verwendung des Begriffes „Offenheit" zum einen und des Begriffes „Transparenz" zum anderen im Russischen war einerseits davor gewarnt worden, diese beiden Begriffe als Synonyma aufzufassen; andererseits war — aus westlicher Position — dafür plädiert worden, bei etwaigen VBM-Vereinbarungen mit den sozialistischen Staaten den Begriff „Offenheit" zu vermeiden und stattdessen den der Transparenz zu verwenden. Als Begründung wurde gegeben, daß „Offenheit" ein „durch subjektive Richtungsgebung beeinflußbarer Begriff" sei. Wie offen man sei, hänge immer vom eigenen Willen ab. „Transparenz" dagegen sei ein Begriff, der objektiven Kriterien zugänglich sei, der andererseits aber „graduelle Abstufungen kaum zulasse" (?): Entweder könne man durch den Schleier der Geheimhaltung hindurchsehen oder nicht.[174] Diese Differenzierung bzw. ihre Begründung sind jedoch nicht überzeugend. Zum einen trifft die — implizit in obiger Argumentation enthaltene — Unterstellung nicht zu, daß Offenheit nicht auch — zumindest in dem gleichen Maß wie Transparenz — mittels objektiver Kriterien festmachbar sei. Um Beispiele für das Gegenteil aus dem alltäglichen Leben zu greifen: Ein Gefäß, aber auch eine Lichtquelle etc. können zur Hälfte geöffnet sein, zu einem Drittel, zu 0,75% usw. Offenheit kann also durchaus mittels objektiver, sogar meßbarer Kriterien bestimmt werden.[175] Zum anderen aber ist nicht ersichtlich, inwiefern der Begriff der „Transparenz" nicht seinerseits ebenfalls — wie der Begriff der Offenheit — „subjektiver Richtungsgebung" offen sein sollte.

Im übrigen trifft auch nicht zu, daß „Transparenz" keine graduellen Abstufungen zulasse. Um wieder ein Beispiel aus dem alltäglichen Leben zu nehmen: Es gibt Milchglasscheiben, die transparenter sind, mehr Lichtwellen hindurchlassen als andere. Es kann also durchaus verschiedene Grade der Transparenz geben. Dies läßt sich auch auf das Beispiel der Geheimhaltung übertragen: „Der Schleier der Geheimhaltung" kann im einen Fall „durchsichtiger" sein als im anderen. Bester Beweis für diese Behauptung ist die jeweilige diesbezügliche Praxis der westlichen und östlichen Staaten. In Staaten beider Typen gibt es Geheimhaltung. Allerdings ist der „Schleier der Geheimhaltung" im Bereich der einen, der westlichen Staaten, nicht so dicht gewoben, somit durchsichtiger, transparenter, als er es in den anderen, den östlichen ist. Abgesehen davon aber muß man die Möglichkeit, Transparenz „abstufen" zu können,

---

174 *Bomsdorf* (Anm. 40), 392.

175 Bemerkenswerterweise spricht Bomsdorf dann aber im folgenden, sich selbst gegenüber inkonsequent, unter Bezugnahme auf eine entsprechende, zutreffende Formulierung der VN-Expertenstudie, von einem „hohen *Maß* an Offenheit".

ja nicht unbedingt als Mangel sehen. Es sind Situationen vorstellbar, in denen eine solche abgestufte Transparenz, insbesondere auch im Hinblick auf VBM, durchaus von Vorteil sein kann.

Zusammenfassend kann also gesagt werden, daß es nicht so sehr auf die Begriffswahl als solche ankommt, also, ob man jeweils „Offenheit" oder „Transparenz" sagt. Vielmehr kommt es darauf an, die Begriffe — welchen auch immer man letztlich wählt — für die praktische Umsetzung jeweils genau zu definieren, um so etwaige einseitige „subjektive" Interpretationen unmöglich zu machen. Und warum sollte man auf westlicher Seite nicht den — von den sozialistischen Staaten favorisierten — Begriff der Offenheit verwenden, wenn man es damit den sozialistischen Staaten vielleicht leichter macht, sich auf eine derartige Prinzipienvereinbarung einzulassen — vorausgesetzt es gelingt, den Begriff dabei scharf und genau zu fassen?

dd) Zur dogmatischen Einordnung eines Völkerrechtsprinzips der Offenheit

Als letztes soll noch geprüft werden, in welcher Weise ein Völkerrechtsprinzip der Offenheit in dogmatischer Hinsicht in das herkömmliche System des Völkerrechts eingepaßt werden könnte. Zwei grundsätzliche Möglichkeiten eröffnen sich hier: Zum einen könnte man darangehen und das Prinzip als eigenständiges Prinzip des Völkerrechts begreifen. Auf das Für und Wider werden wir zum Ende dieses Unterabschnittes noch einmal zurückkommen.

Die zweite Möglichkeit besteht darin, das Prinzip der Offenheit — gemäß der eingangs dieses Kapitels ausführlicher dargelegten Fragestellung[176] — anderen, bereits existierenden, womöglich allgemeineren Völkerrechtsprinzipien zuzuordnen, und zwar auch mit der Absicht, diese allgemeinen Prinzipien mittels und in Gestalt des Prinzips der Offenheit ggfs. zu konkretisieren. Die Frage, die diesbezüglich zu stellen ist, hätte hier zu lauten: Inwieweit kann das Prinzip der Offenheit, das definiert ist durch die Pflicht, Information zu gewährleisten, bzw. inwieweit können gewisse transparenzfördernde VBM, denen jenes Rechtsprinzip der Offenheit zugrundeliegt, als Konkretisierungen bestimmter anderer völkerrechtlicher Grundsätze gelten? Dieser Fragestellung soll nun nachgegangen werden.

Welche (allgemeineren) Völkerrechtsnormen sind es denn, zu denen ein Prinzip der Offenheit korreliert werden könnte und die durch dieses Prinzip, bzw. durch eine entsprechende Praktizierung gewisser trans-

---

[176] Vgl. noch einmal oben die Einleitung zum vorliegenden V. Abschnitt, S. 71.

parenzfördernder VBM ggfs. konkretisiert werden könnten? Ein erster möglicher Ansatzpunkt zur Beantwortung dieser Frage findet sich in § 90 der VN-Expertenstudie über VBM: Dort werden als mögliche rechtliche Bezugsprinzipien für eine VBM-Praxis die folgenden sieben Völkerrechtsprinzipien genannt:

— Gewaltverbot;
— Friedliche Streitbeilegung;
— Nichteinmischung;
— Zusammenarbeit zwischen den Staaten;
— Gleiche Rechte und Selbstbestimmungsrecht der Völker;
— Souveräne Gleichheit der Staaten;
— Erfüllung völkerrechtlicher Verpflichtungen nach Treu und Glauben.

Als erstes fällt auf, daß in diesem Katalog das Prinzip der internationalen Sicherheit fehlt, das Prinzip, das man im gegebenen Zusammenhang wohl als erstrangiges Korrelationsobjekt ansehen würde, wobei noch zusätzlich bemerkenswert ist, daß es nicht einmal in der Kombination mit dem Friedensgebot, wie das ansonsten durchaus gebräuchlich ist („international peace and security"), vorkommt. Dieses Fehlen des Prinzips der internationalen Sicherheit im gegenständlichen Prinzipienkatalog verdeutlicht und bestätigt aber nur, was oben zur Vernachlässigung dieses Prinzips in der Völkerrechtsdoktrin gesagt worden ist.

Andererseits sind aber nicht alle der im Katalog der VN-Expertenstudie, der im übrigen identisch ist mit dem der „Friendly Relations"-Deklaration[177], angeführten Prinzipien in gleicher Weise für eine Korrelierung mit den hier behandelten VBM, bzw. dem aufgrund deren Praktizierung ggfs. herauszudestillierenden Prinzip der Offenheit geeignet. So werfen diesbezüglich einmal das Prinzip der gleichen Rechte und der Selbstbestimmung der Völker und zum anderen das Prinzip der Zusammenarbeit zwischen den Staaten, das in der VN-Expertenstudie noch im Sinne einer „Co-operation among States in solving international problems *and in promoting respect for human rights*"[178] spezifiziert wird, gewisse Probleme auf. Dies vor allem unter dogmatisch-systematischen Gesichtspunkten: Militärische VBM wie auch V(S)BM richten sich primär an die Staaten und nicht an nach anderweitigen soziologischen Kriterien bestimmte soziale Gruppen oder Einheiten, wie z. B. „Völker" oder Individuen als Träger bestimmter Rechte (Menschenrechte etc.). Eine solche Sichtweise steht in Einklang mit der herkömmlichen Völkerrechtsdoktrin und -praxis, die die Staaten als primäre Adressaten des Völkerrechts begreift und nur in wenigen Ausnahmefällen die Möglichkeit der direkten

[177] Vgl. oben Anm. 11.
[178] Hervorhebung durch Verf.

Geltung des Völkerrechts für die ansonsten mediatisierten, in den Staaten jeweils lebenden Menschen vorsieht. Insofern stellen also das Prinzip der gleichen Rechte und des Selbstbestimmungsrechts der *Völker* sowie der Bezug auf die Rechte *individueller Menschen* in einem Katalog, der sich mit Rechten und Pflichten von *Staaten* auseinandersetzt, aus Gründen der inneren Geschlossenheit dieses Katalogs einen Fremdkörper dar. Folgedessen sind die beiden genannten Prinzipien aus dem Kreis derjenigen allgemeinen Völkerrechtsprinzipien, zu denen das Prinzip der Offenheit bzw. bestimmte VBM zum Zwecke der Konkretisierung jener Völkerrechtsprinzipien sinnvollerweise korreliert werden könnten, auszuscheiden.

Der Befund würde sich jedoch ändern, wenn man annähme, daß die VN-Expertenstudie in diesem konkreten Fall doch eine Ausnahme von jenem im Vorhergehenden genannten Grundsatz der Mediatisierung des Menschen durch das Völkerrecht hätte statuieren wollen. In diesem Fall, d. h. wenn die Studie die innerhalb der Staaten lebenden und deren soziale „Substanz" darstellenden Menschen, bzw. „Völker" als primäre Adressaten militärischer VBM — wie auch V(S)BM — definiert hätte, wäre zunächst die formale Handhabe für eine Korrelation der betreffenden Prinzipien sehr wohl gegeben. Man müßte dann nur untersuchen, inwieweit sich auch unter inhaltlichen Gesichtspunkten das Prinzip der Offenheit, bzw. diejenigen VBM, in denen das Prinzip zum Tragen kommt, sinnvoll mit den genannten zwei Prinzipien verknüpfen ließen. Eine solche Sichtweise würde allerdings in gewisser Weise eine Revolutionierung des gesamten herkömmlichen Systems des Völkerrechts bedeuten, da ja gerade der Sicherheitsbereich im Völkerrecht bislang immer als *die* Domäne der Staaten angesehen worden war. Eine derartige Absicht kann der VN-Expertenstudie jedoch wohl nicht unterstellt werden, zumal sie auch sonst durchgehend nur von den Staaten als den Adressaten etwaiger VBM / V(S)BM spricht. Eine Erklärung für die Hereinnahme der genannten Prinzipien in den Katalog der Studie mag entweder darin gefunden werden, daß man sozusagen automatisch, ohne viel Federlesens die entsprechenden Bestimmungen der „Friendly Relations"-Deklaration, welcher in internationalen diplomatischen Diskussionen eine überaus große Achtung entgegengebracht wird, übernommen hat; oder die Hereinnahme jener Prinzipien ist auf entsprechende Bemühungen der Staaten der Dritten Welt, denen jene Prinzipien bekanntlich sehr am Herzen liegen, zurückzuführen und sozusagen als ein Preis für deren Zustimmung zur Expertenstudie als solcher anzusehen.[179].

[179] Im übrigen werden wir auf die hier angeschnittene Problematik unten, S. 97 f., bei der Diskussion eventueller völkerrechtlicher Schranken der Vereinbarung und Durchführung von VBM/V(S)BM noch einmal zurückkommen.

Aber auch andere Prinzipien des oben angeführten Katalogs dürften sich — nun bezogen auf den inhaltlichen Aspekt — für eine Korrelierung im oben beschriebenen Sinn als ungeeignet erweisen. So ist prima facie nicht ersichtlich, welche inhaltlichen Anhaltspunkte etwa das Prinzip der bona fide-Erfüllung völkerrechtlicher Verpflichtungen, aber auch das Prinzip der Gleichheit der Staaten oder der Nichteinmischungsgrundsatz für eine Konkretisierung durch transparenzfördernde VBM, bzw. ein aus ihnen abgeleitetes Prinzip der Offenheit böten. Allenfalls würde man denken, daß sie umgekehrt ihrerseits zu einer gewissen Einhegung und Konkretisierung eines Prinzips der Offenheit taugen könnten. Dazu unten mehr.[180]

So bleiben im wesentlichen aus dem in der VN-Expertenstudie enthaltenen Katalog von allgemeinen Völkerrechtsprinzipien für eine Korrelierung im oben definierten Sinn prima facie das Gewaltverbot und das mit diesem eng verknüpfte Prinzip der friedlichen Streitbeilegung sowie das Prinzip der Zusammenarbeit zwischen den Staaten, soweit es sich auf eine Zusammenarbeit im Bereich der internationalen Sicherheit beziehen läßt, übrig. Diesen Prinzipien wollen wir uns im folgenden, neben einigen anderen einschlägig erscheinenden, in jenem Katalog allerdings nicht genannten, näher zuwenden.

α) Korrelierung zum *Prinzip der internationalen Sicherheit*: Ein Konnex eines aufgrund entsprechender Praktizierung gewisser transparenzfördernder VBM herausgebildeten Prinzips der Offenheit i. S. einer Verpflichtung, Information zu gewährleisten, zum oben näher dargestellten Prinzip der internationalen Sicherheit scheint unmittelbar gegeben. VBM, die mittels Informationsvermittlung qua definitione zur internationalen Sicherheit beitragen wollen, bzw. ein aus entsprechender Praxis abgeleitetes Prinzip der Offenheit können unmittelbar zur Konkretisierung jenes Prinzips der internationalen Sicherheit beitragen — sofern man überhaupt die Meinung teilt, daß das Prinzip der internationalen Sicherheit ein allgemeines Völkerrechtsprinzip darstellt.[181]

β) Korrelierung zum *Gewaltverbot*: Als nächstes soll geprüft werden, inwieweit es möglich ist, das ggfs. aus der Praxis bestimmter transparenzfördernder VBM herzuleitende Prinzip der Offenheit zur Konkretisierung des allgemeinen Gewaltverbotsprinzips heranzuziehen und zu

---

180 S. 98 ff. Allerdings könnte man hinsichtlich eines der eben genannten Prinzipien, nämlich hinsichtlich des Nichteinmischungsgrundsatzes, die Meinung vertreten, daß ein Prinzip der Offenheit, bzw. VBM, in denen dieses Prinzip zum Tragen kommt, doch auch ihrerseits zur Konkretisierung des Nichteinmischungsgrundsatzes beitragen können, und zwar insofern, als durch sie der Geltungsumfang jenes Grundsatzes in gewisser Weise — negativ — definiert wird. Siehe dazu auch S. 98, insb. bei Anm. 203, 2. Absatz.

181 Siehe dazu noch einmal oben S. 54 ff.

gebrauchen. Erkenntnisziel ist dabei, inwieweit dies auf *unmittelbarem* Wege bewerkstelligt werden könnte. Daß dies auf *mittelbarem*, indirektem Wege, nämlich qua Konkretisierung der Kategorie der Sicherheit, möglich ist, scheint klar: Wenn, wie oben dargestellt, transparenzfördernde VBM zur Erhöhung der Sicherheit der beteiligten Staaten beitragen können, was seinerseits wieder der Stärkung des Friedens zugute kommen kann, dann muß auch gelten, daß so etwaige, aus entsprechender Praxis entstandene Völkerrechtsprinzipien wie ein Prinzip der Offenheit — über die Zwischenstation „Konkretisierung von Sicherheit" — auch das Gewaltverbot konkretisieren können.

Oben, bei der Prüfung der Frage, ob und inwieweit das VBM-Konzept ggfs. aus dem Gewaltverbot auf unmittelbare Art und Weise abgeleitet werden könnte, waren gewisse Zweifel bzgl. der Gangbarkeit dieses Weges aufgetreten, die letztlich — abgesehen von einigen wenigen Ausnahmefällen — zu einem negativen Befund in dieser Sache führten. Die gleichen Probleme und Zweifel — dies erscheint naheliegend — ergeben sich aber auch jetzt wieder unter der hier — quasi mit umgekehrtem Vorzeichen — behandelten Fragestellung. Im Ergebnis kann daher hier die These aufgestellt werden, daß es nicht möglich ist, das völkerrechtliche Gewaltverbot auf *unmittelbare* Art und Weise durch einschlägige VBM-Praxis zu konkretisieren.[182] Um die Bedenken darüber, daß es nicht möglich sei, das Gewaltverbotsprinzip durch Rechtsprinzipien, die aus der Praktizierung einschlägiger transparenzfördernder VBM gewonnen würden, auch auf unmittelbare Art und Weise zu konkretisieren, zu verdeutlichen, soll es versuchshalber einmal unternommen werden, eines der möglichen, aus transparenzfördernden VBM ableitbaren, den Grundsatz der Offenheit zum Ausdruck bringenden Rechtsprinzipien zunächst in Rechtssatzform zu kleiden, und diesen Rechtssatz dann unter den allgemeineren, durch das völkerrechtliche Gewaltverbot bezeichneten Rechtssatz zu subsumieren. Dies soll zunächst anhand einer *transparenzfördernden VBM i.e.S.* durchgespielt werden; konkretes „Versuchsobjekt" soll die VBM „Manöverankündigung" sein:

Aus der Praxis, Manöver anderen Staaten gegenüber anzukündigen, könnte sich mit der Zeit die Überzeugung herausbilden, daß dazu eine (rechtliche) Verpflichtung bestünde. Positiv formuliert würde dies ein Gebot abgeben, in Zukunft militärische Manöver (im einzelnen näher zu bestimmenden) anderen Staaten anzukündigen; negativ formuliert würde daraus ein Verbot werden, in Zukunft Manöver ohne Ankündigung durchzuführen (allerdings *kein* Verbot, nicht-angemeldete Manöver durch-

---

[182] In bezug auf einige bestimmte operationell-restriktive V(S)BM dagegen kann diesbezüglich ein positiver Befund erzielt werden (vgl. dazu unten, S. 93 f.) — auch dies eine Parallele zu den Ergebnissen des weiter oben durchgeführten Versuchs, das VBM-Konzept aus dem allgemeinen Gewaltverbot abzuleiten.

zuführen, bzw. *kein* Gebot, nicht-angemeldete Manöver nicht durchzuführen!). Die Frage, die nun zur Eruierung dessen, ob und inwieweit zwischen dem eben formulierten Prinzip und dem Gewaltverbotsprinzip ein direkter Zusammenhang besteht, der es erlauben würde, ersteres ggfs. als Konkretisierung des letzteren anzusehen, zu stellen wäre, müßte konsequenterweise lauten: Sind nicht-angemeldete Manöver ein Verstoß gegen das Gewaltverbot, und zwar entweder als Gewaltanwendung oder zumindest als Gewaltandrohung? Bzw., mehr eventualiter formuliert: Können nicht-angemeldete Manöver eine Form der Gewaltanwendung oder aber zumindest eine Form der Gewaltandrohung und damit ein Verstoß gegen das Gewaltverbot sein? Ähnliche Fragen könnten mit Normen und Regeln formuliert werden, die ggfs. aus anderen transparenzfördernden VBM, wie etwa dem Austausch von Manöverbeobachtern, der Ankündigung von Truppenbewegungen, der Information über Militärhaushalte, der Einrichtung und Zulassung von Beobachtungsposten, usw., zu entwickeln wären. Also etwa: Könnte in der Weigerung, Militärhaushalte offenzulegen oder Beobachtungsposten zuzulassen, eine Gewaltanwendung oder Gewaltandrohung und damit ein Verstoß gegen das Gewaltverbot, bzw. in einem Verbot, derartiges zu tun, eine Konkretisierung des Gewaltverbots gesehen werden?

Schnell wird anhand dieser Beispielsfälle jedoch deutlich, daß die oben aufgeworfene Frage, nämlich ob die — bisher in der Staatenpraxis praktizierten oder diskutierten — transparenzfördernden VBM, bzw. die aus ihnen ggfs. abzuleitenden Rechtsprinzipien auch als Instrumente zur Konkretisierung des allgemeinen völkerrechtlichen Gewaltverbots herangezogen werden können, klar zu verneinen ist. Weder ist ersichtlich, inwieweit eine Informationsverweigerung eine Gewaltanwendung darstellen könnte; noch ist vorstellbar, ein solches Vorgehen auch nur als Gewaltandrohung aufzufassen.[183] Insofern taugen also transparenzfördernde VBM im allgemeinen nicht zur unmittelbaren Korrelierung zum Gewaltverbot, bzw. zur unmittelbaren Konkretisierung dieses Gewaltverbots.[184]

---

[183] Ganz im Gegenteil impliziert wohl jede Drohung mit Gewalt die *Kommunikation* dieser Drohung, und das heißt auch, eine Information über die betreffende Absicht (bzw. eventuell auch nur über die diesbezüglichen Kapazitäten). Allenfalls wäre es möglich — allerdings irgendwie gleichsam zweimal um die Ecke gedacht —, in der bewußten Verheimlichung eines bestimmten, militärisch relevanten Sachverhalts ein Vehikel zu sehen, bei anderen Staaten — die sich wegen jener Heimlichtuerei so ihre Gedanken machen — ein gewisses Gefühl der Bedrohung (durch das „Unbekannte") aufkommen zu lassen und insoweit in der Informationsverweigerung indirekt auch ein Mittel der Gewaltandrohung zu sehen.

[184] Darauf, daß sie dazu aber indirekt, nämlich über die Konkretisierung von „Sicherheit", in der Lage sind, ist oben bereits hingewiesen worden, S. 84.

Der diesbezügliche Befund würde sich auch nicht ändern, wenn man statt der bisher unterlegten transparenzfördernden VBM andere Maßnahmen dieser Kategorie, nämlich Maßnahmen der Unterkategorie *„Krisenkommunikationsmaßnahmen"*, als Beispiele heranzöge. Nehmen wir als konkretes Beispiel die in einigen „Krisenmanagement"vereinbarungen enthaltene Pflicht, andere Staaten über ganz konkrete Bedrohungen ihrer Sicherheit (z. B. durch einen irrtümlich ausgelösten Start einer Atomrakete) zu informieren. Der Rechtssatz, der hier ggfs. abzuleiten wäre, hätte zu lauten: Andere Staaten sind über konkrete (wenn auch ungewollte, sozusagen mit nicht-feindlicher Absicht ausgelöste) Angriffe und Gefährdungen zu informieren. Negativ formuliert würde der Satz dann lauten: Es ist verboten, andere Staaten über Bedrohungen, Angriffe etc. nicht zu informieren. Die weitere, gemäß unserer obigen Fragestellung zu formulierende Frage wäre dann: Wäre das Nicht-Informieren über eine Bedrohung ein Unterfall der Drohung mit Gewalt (oder gar der Anwendung von Gewalt)? Auch hier hat die Antwort negativ auszufallen. Weder wird mit dem Nicht-Informieren über eine Bedrohung, bzw. einen eventuellen „Gewalt"akt Gewalt angedroht (ganz im Gegenteil: die Bedrohung wird geradezu „verschwiegen"). Noch ist in der Nicht-Information selbst ein Akt der Gewaltanwendung zu sehen — auch wenn durch die Nicht-Information dieser Akt ggfs. ermöglicht wird: Der Rechtssatz, den wir formuliert hatten, lautete ja nicht: „Es ist verboten, Gewaltakte ohne Information durchzuführen", sondern: „Es ist verboten, über Gewaltakte nicht zu informieren", das Verbot bezog sich also nicht auf die Gewalt, ihre etwaige Anwendung (oder Androhung) selbst, sondern auf die Information (bzw. Nicht-Information) etwaig angewandter oder angedrohter Gewalt!

γ) Korrelierung zum *Prinzip der Zusammenarbeit zwischen den Staaten*: Wenn gerade festgestellt worden ist, daß ggfs. aus transparenzfördernden VBM gewonnene Rechtsprinzipien vom Typus des Prinzips der Offenheit zur etwaigen (unmittelbaren) Konkretisierung des völkerrechtlichen Gewaltverbots nicht heranzuziehen sind, so können sie dies in bezug auf ein anderes allgemeines Prinzip, nämlich das der Zusammenarbeit zwischen den Staaten, soweit sich dieses auf die Zusammenarbeit im Sicherheitsbereich bezieht, und zumindestens vom Grundsätzlichen her, sehr wohl. Wie erinnerlich, hat die „Friendly Relations"-Deklaration[185] das auch in der SVN verankerte Prinzip so umschrieben, daß „States have the duty to co-operate with one another irrespective of the differences in their political, economic and social systems, in the various spheres of international relations, in order to maintain international peace and security . . .". Wenn nun Staaten z. B. gewisse transparenzfördernde VBM, mit der Verpflichtung jeweils, bestimmte Infor-

[185] Vgl. Anm. 11.

mationsleistungen zu erbringen, vereinbaren, um ihre Sicherheit zu erhöhen, so stellt dies sicherlich eine Form der zwischenstaatlichen Zusammenarbeit i. S. obiger Deklarationsbestimmung dar. Insofern wäre der direkte Bezug zum allgemeinen Prinzip der Zusammenarbeit (und insbesondere auch zu dessen ausdrücklicher Zielansprache „Erhöhung der Sicherheit") gegeben. Demgemäß könnte ein aus entsprechenden VBM etwaig herauszudestillierendes Prinzip der Verpflichtung zu wechselseitiger Information also als eine Konkretisierung des allgemeinen völkerrechtlichen Prinzips der Zusammenarbeit zwischen den Staaten angesehen werden, bzw. umgekehrt betrachtet, würde dieses Prinzip seine Konkretisierung durch jenes Informationsprinzip erfahren. Man könnte das Zusammenarbeitsprinzip dann auch mit dem Satz spezifizieren: „Zur Zusammenarbeit (insbesondere im sicherheitspolitischen Bereich) gehört Information über bestimmte militärisch relevante Sachverhalte".

Allerdings ist in bezug auf diesen möglichen Ansatz zur Konkretisierung des Prinzips der Zusammenarbeit zwischen den Staaten gleich vor allzu großer heuristischer Euphorie zu warnen: Zum einen bleibt das von Haus aus konturenlose Prinzip der Zusammenarbeit zwischen den Staaten auch noch nach einer derartigen Konkretisierung weiterhin konkretisierungsbedürftig. So wäre in bezug auf eine mit ihm verbundene Informationsverpflichtung erst noch zu konkretisieren, welche Information auf welche Weise wann usw. zu liefern wäre. Zum zweiten ist auf die oben bereits diskutierte ideologische Befrachtung des Prinzips der Zusammenarbeit (i. S. der kommunistischen Doktrin der Friedlichen Koexistenz) hinzuweisen, die der Operationalität dieses Prinzips — zumindest aus westlicher Sicht — deutliche Grenzen setzt.

δ) Korrelierung zum *Prinzip der Guten Nachbarschaft*: Oben war eine Reihe von Beispielsfällen aus anderen Sektoren der internationalen Beziehungen (z. B. Seerecht, Umweltschutzrecht) vorgestellt worden, in denen gewisse Informationspflichten für die beteiligten Staaten, sozusagen Ansätze für ein Prinzip der Offenheit in jenen Bereichen, existieren.[186] Man könnte nun darangehen und zunächst unser Prinzip der Offenheit zu jenen „Prinzipien der Offenheit" in Analogie (oder ihnen gar gleich) setzen. In der Folge müßte man prüfen, inwieweit jene in den anderen Sektoren der internationalen Beziehungen anzutreffenden „Prinzipien der Offenheit" als Konkretisierungen des Grundsatzes der Guten Nachbarschaft angesehen werden können. Für den Fall, daß letzteres zuträfe und auch die Analogie bzw. Gleichsetzung bzgl. der jeweiligen Informationspflichten zulässig erschiene, könnte man in Informationspflichten aufgrund militärischer VBM zumindest über den Weg der Analogie durchaus auch

---

186 Siehe oben S. 73 ff.

Konkretisierungen des Grundsatzes der Guten Nachbarschaft für den Bereich der Sicherheitsbeziehungen sehen.

Nun ist gegen eine wie oben angesprochene Analogie zunächst sicherlich nichts einzuwenden: In allen Fällen handelt es sich jeweils um Informationen, die die Staaten zur Gewährleistung ihrer Sicherheit (hier der militärischen, dort der Sicherheit im Umweltschutzbereich etc.) austauschen. Schwieriger gestaltet sich schon der Versuch der Korrelierung jener Informationspflichten zum Grundsatz der Guten Nachbarschaft. Da dieser Grundsatz als solcher selbst nicht so scharf umrissen ist, daß man seinen konkreten Inhalt ausmachen könnte, müßte man versuchen, Konkretisierungen, die der Grundsatz seinerseits in Teilbereichen erfahren hat, als Grundlage für eine weitere Konkretisierung durch das Prinzip der Offenheit heranzuziehen. Als einschlägig erschiene hier das — in der Lehre gelegentlich als Konkretisierung des Grundsatzes der Guten Nachbarschaft genannte — völkerrechtliche Nachbarrecht, das seinerseits wieder für bestimmte Fälle gewisse Informationspflichten vorsieht. Da jedoch weder behauptet werden kann, daß jene Doktrin, die das völkerrechtliche Nachbarrecht als Konkretisierung des Prinzips der Guten Nachbarschaft begreift, allgemeine Anerkennung — insbesondere auch durch die Staatenpraxis — gefunden hat, noch hinreichend zu belegen ist, daß derjenige Teil des Nachbarrechts, der die Pflicht zur Information enthält, von der Lehre — einmal unterstellt, sie wäre allgemein anerkannt — ebenfalls mit unter das Prinzip der Guten Nachbarschaft subsumiert wird[187], erscheint eine wie eingangs beschriebene Korrelierung der oben angeführten Informationspflichten (vorausgesetzt, sie wären ihrerseits überhaupt als Bestandteile des Nachbarrechts zu betrachten) bzw. eine analog dazu erfolgende Korrelierung des aus VBM im gegebenen Fall herauszudestillierenden Prinzips der Offenheit — zumindest *de lege lata* — nur schwer möglich.

Man könnte eine derartige Korrelierung allenfalls — unter der Bedingung, daß alle anderen im Vorstehenden genannten Voraussetzungen gegeben wären — als Versuch einer Konkretisierung des Grundsatzes der Guten Nachbarschaft, als Versuch, das Substanzdefizit dieses Grundsatzes *de lege ferenda* abzubauen, sehen, indem gesagt würde: Wir anerkennen, daß das völkerrechtliche Nachbarrecht eine Konkretisierung des völkerrechtlichen Grundsatzes der Guten Nachbarschaft darstellt. Wir anerkennen ferner, daß für bestimmte Situationen das völkerrechtliche Nachbarrecht gewisse Informationspflichten kennt, die ihrerseits ebenfalls als Emanationen der Guten Nachbarschaft gelten können. Wir anerkennen außerdem, daß eine Analogie besteht zwischen jenen Informationspflichten und den Informationspflichten aufgrund transparenzför-

---

[187] Vgl. zu dem Ganzen noch einmal oben S. 67 f.

dernder VBM. Solcherart seien dann also transparenzfördernde VBM, bzw. ein aus ihnen gewonnenes Prinzip der Offenheit (wie auch die anderen „Prinzipien der Offenheit"), zumindest für einander jeweils benachbarte Staaten — das wäre, will man die *nachbar*rechtliche Analogie bemühen, noch hinzuzufügen —, als Konkretisierungen des völkerrechtlichen Prinzips der Guten Nachbarschaft anzusehen. Wahrlich ein verschlungener Weg!

Darüber hinaus könnte man selbstverständlich auch versuchen, das Prinzip der Offenheit unmittelbar, ohne Zuhilfenahme der Krücke der Analogie mit den Informationspflichten des völkerrechtlichen Nachbarrechts, als Mittel der Konkretisierung de lege ferenda des Grundsatzes der Guten Nachbarschaft einzusetzen.[188]

ε) Zum Schluß dieser Erörterungen soll nun noch einmal auf die Frage zurückgekommen werden, ob es denn in der Tat notwendig sei, ein eigenständiges Prinzip der Offenheit zu proklamieren, bzw. zu postulieren.

Dazu ist zunächst darauf zu verweisen, was im Vorhergehenden festgestellt worden ist: Nämlich, daß bei dem Versuch, ein wie auch immer näher definiertes Prinzip der Informationsverpflichtung als *nicht*-eigenständiges Rechtsprinzip zu einem anderen, höherrangigen und allgemeineren Völkerrechtsprinzip zu korrelieren, doch gewisse Schwierigkeiten auftreten. Zwar wurde gezeigt, daß ein Prinzip der Informationspflicht, der Offenheit usw. durchaus sinnvoll dem allgemeinen Völkerrechtsprinzip der Zusammenarbeit der Staaten zugeordnet, als eine durchaus nützliche Konkretisierung dieses allgemeinen Prinzips begriffen werden kann. Allerdings sind der Praktikabilität des Prinzips, wie oben näher ausgeführt worden ist, aufgrund der Vagheit sowie der ideologischen Disponibilität des Prinzips gewisse Schranken gesetzt. Gleichwohl soll dieser Ansatz weiterhin als eine — wenn vielleicht auch nur subsidiäre — Möglichkeit im Auge behalten werden. Eine, wenn auch sehr verschlungene Möglichkeit — eventuell ebenfalls in subsidiärer Art und Weise — bietet u. U. der Grundsatz der Guten Nachbarschaft. Anderer-

---

[188] Wie man überhaupt VBM/V(S)BM als solche, ohne daß man konkret auf den Offenheitsgedanken abstellte, dabei insbesondere auch bezugnehmend auf den Bericht des VN-Generalsekretärs über Gute Nachbarschaft (Anm. 135), als Konkretisierung des Prinzipes der Guten Nachbarschaft de lege ferenda begreifen könnte. Als Anknüpfungspunkt dafür könnte die Passage in § 51 des zitierten Berichtes benutzt werden, in der der Bericht feststellt, daß „[s]ome countries considered that good-neighbourliness could be strengthened and developed by adopting and implementing measures designed to build confidence and achieve military disengagement . . .". In diesem Sinne auch eine entsprechende Stellungnahme der Bundesrepublik Deutschland, in: Development and Strengthening of Good-Neighbourliness between States. Report of the Secretary-General, UN Doc. A/38/336 vom 1. 9. 1983, S. 23: „Confidence-building measures in the military sector will promote good-neighbourliness."

seits würde das Prinzip der internationalen Sicherheit *den* Anknüpfungspunkt par excellence für ein Prinzip der Offenheit darstellen; allerdings hat dieser Völkerrechtsgrundsatz in der Völkerrechtslehre noch nicht die Anerkennung gefunden, die es erlauben würde, ihn als sicheres Fundament für ein Prinzip der Offenheit zu benutzen. Hinsichtlich des völkerrechtlichen Gewaltverbots schließlich sind etwaige Korrelationsversuche, wie gezeigt, dagegen völlig fruchtlos. Aufgrund all jener Mängel würde sich also die Annahme eines eigenständigen Prinzips der Offenheit rechtfertigen.

Speziell zum Gewaltverbot seien aber unter gegenständlicher Fragestellung noch einige ergänzende Anmerkungen nachgetragen: Selbst wenn man davon ausgehen könnte, daß sich ein Prinzip der Offenheit, der Informationspflicht, letztlich doch irgendwie zum Gewaltverbotsprinzip korrelieren, sich als Konkretisierung dieses Prinzips darstellen ließe, könnten zwei Gründe ins Treffen geführt werden, weiterhin, und gerade im Hinblick auf das völkerrechtliche Gewaltverbot, für ein eigenständiges Prinzip der Offenheit einzutreten. Zunächst gilt es in diesem Zusammenhang daran zu erinnern, daß das Verbot der Anwendung oder Androhung von Gewalt gelegentlich ja in dem Sinne verstanden wird, daß damit nur die Gewaltanwendung / -androhung gemeint sei, die gegen die *territoriale Integrität oder politische Unabhängigkeit* eines Staates gerichtet ist.[189] Dies würde dann für das Prinzip der Offenheit, wenn man es dem Prinzip des Gewaltverbots als Unterprinzip zuordnete und keine ausdrücklich anderslautende Bestimmung träfe, bedeuten, daß nur über solche militärischen Angelegenheiten, die jene territoriale Integrität oder politische Unabhängigkeit eines Staates bedrohen könnten, Offenheit herzustellen wäre. Andere, für den betreffenden Staat möglicherweise genauso unangenehme Verhältnisse müßten dann dagegen nicht offengelegt werden.[190]

Zum zweiten ist in diesem Zusammenhang auf die weiter oben thematisierte Konstellation des hegemonialen Friedens hinzuweisen, d. h. die Situation, in der zwar einerseits Friede i. S. von Nicht-Krieg — „garantiert" durch die Hegemonialmacht — herrscht, in der aber andererseits

[189] Vgl. dazu etwa Prinzip Nr. 2 des Prinzipien-Dekalogs der KSZE-Schlußakte oder auch die „Friendly Relations"-Deklaration (Anm. 11), deren diesbezügliche Formulierungen Ansätze für eine solche Interpretation bieten könnten. Vgl. zu dieser Frage auch *Jörg Manfred Mössner*, Einführung in das Völkerrecht, München 1977, 153 f.

[190] Das gesamte Argumentationsgebäude, bzw. die Auseinandersetzung mit ihm würde allerdings damit gleich hinfällig werden, wenn man der Auffassung wäre, es gebe *keine* Gewaltanwendung oder -androhung, die nicht gleichzeitig auch eine Bedrohung der territorialen Integrität, bzw. insbesondere der politischen Unabhängigkeit eines Staates wäre. Wenn jede Gewaltanwendung / -androhung als eine solche Bedrohung aufgefaßt würde, dann würden damit automatisch auch alle militärischen Angelegenheiten von einem mit dem Gewaltverbot gekoppelten Prinzip der Offenheit erfaßt werden.

für die restlichen Staaten eines solchen Friedenssystems keine Sicherheit (i. S. der Gewähr, daß ein militärischer Angriff auf sie nicht stattfinden wird) herrscht. Würde man nun das Prinzip der Offenheit nur i. S. eines Unterprinzips des Gewaltverbots mit diesem koppeln, so wären im Fall des Hegemonialfriedens lediglich diejenigen militärischen Angelegenheiten offen zu legen, die sich gegen den Hegemonialfrieden richten könnten; alle anderen, und das wären aber gerade die, auf die es dem Rest der betreffenden Staaten ankäme, dagegen nicht — eine groteske Vorstellung!

Es erweist sich also, daß es durchaus sinnvoll sein kann, ein Prinzip der Offenheit insbesondere von den mit dem völkerrechtlichen Gewaltverbot verbundenen Unwägbarkeiten, aber auch von den im Vorgehenden veranschaulichten Unwägbarkeiten anderer Normen abzukoppeln und es als eigenständiges Prinzip zur Verfügung zu haben. Nichtsdestotrotz sollte unabhängig davon weiterhin auch versucht werden, das Prinzip der Offenheit anderen, bereits existierenden allgemeinen Völkerrechtsprinzipien, eingedenk aller nötigen Caveats insbesondere dem Prinzip der Zusammenarbeit zwischen den Staaten sowie dem Prinzip der internationalen Sicherheit, zuzuordnen, um auf diesem Wege auch eine Stärkung und Konkretisierung dieser Prinzipien zu erreichen.

b) Die Entwicklung gewisser Krisenmanagement-Pflichten

In einigen Krisenmanagementvereinbarungen, die gemäß unserer oben entwickelten Typologie in die Rubrik „Krisenkommunikations-VBM" eingereiht werden können, sind — neben bestimmten Informationsverpflichtungen — gewisse Pflichten zur Eindämmung, zur „Deeskalation" bzw. zur Verhinderung der Eskalation von Konflikten enthalten. So enthält etwa das US-amerikanisch-sowjetische Abkommen über die Verhinderung eines Kernwaffenkrieges aus dem Jahre 1973[191] eine Verpflichtung der beiden Vertragsparteien, in dem Falle, daß der Ausbruch eines Kernwaffenkrieges zwischen ihnen drohe, unverzüglich in dringliche, „deeskalierende" Gespräche miteinander einzutreten; das Abkommen über die Errichtung eines „heißen Drahtes" zwischen Washington und Moskau aus dem Jahre 1963[192] wiederum enthält u. a. die Verpflichtung der beiden Vertragsparteien, ihren Teil des Kommunikationssystems ständig betriebsbereit zu halten, um es so den beiden Staatsführungen zu ermöglichen, im Krisenfall unmittelbar in Kontakt zueinander zu treten und die anstehende Krise auf friedlichem Wege zu lösen. Aufgrund gleichförmiger, von einer bestimmten Rechtsüberzeugung getragener Praxis könnten sich auch hier — gemäß dem weiter

---

[191] Text in: ILM 12 (1973), 896.

[192] Textfundstelle in Anm. 86.

oben vorgezeichneten Verfahren — entsprechende allgemeinere Rechtsregeln des Inhalts, daß Staaten gehalten sind, im Falle eines krisenhaft zugespitzten Konfliktes diesen Konflikt nicht weiter, gar zur bewaffneten Auseinandersetzung, eskalieren zu lassen und im Gegenteil stattdessen den Konflikt einzudämmen, entwickeln.

In der Folge könnte man versuchen, diese (und ähnliche) Verpflichtungen zur Deeskalation und somit Gewährleistung friedlicher Krisenbewältigung zu gewissen Pflichten, die sich aus dem allgemeinen Prinzip der friedlichen Streitbeilegung ergeben, zu korrelieren. Dabei wird insbesondere gedacht an die in Ausführung des Völkerrechtsprinzips der friedlichen Streitbeilegung aufgestellte Regel, daß die Parteien eines Konfliktes alles zu unterlassen hätten, was diesen Streit verschärfen könnte.[193] Insoweit sich aus jenen, in diversen[194] Krisenmanagementvereinbarungen festgeschriebenen Verpflichtungen entsprechende allgemeingültige Rechtssätze entwickeln würden, könnten diese als Konkretisierungen des völkerrechtlichen Prinzips der friedlichen Streitbeilegung angesehen werden.

Im übrigen können derartige Verpflichtungen, bzw. aus ihnen im gegebenen Fall entstandene allgemeinere Rechtssätze — dies bedarf jetzt keines weiteren Nachweises mehr — auch als Konkretisierungen des Prinzips der internationalen Sicherheit sowie des Grundsatzes der Zusammenarbeit zwischen den Staaten, sofern er sich auf die Zusammenarbeit im Bereich der Sicherheit bezieht, angesehen werden. Darüber hinaus können sie, da sie die friedliche Regulierung von Konflikten gewährleisten und somit deren gewaltsame Austragung vereiteln sollen, insofern auch als Konkretisierungen des völkerrechtlichen Gewaltverbotes gelten.

2. Die Entwicklung einschlägigen neuen Völkerrechts aufgrund der Praktizierung bestimmter operationell-restriktiver V(S)BM

Unter den im KSZE-Prozeß, aber auch im Rahmen der Diskussion innerhalb der VN vorgeschlagenen operationell-restriktiven V(S)BM waren auch solche, die ein Verbot bestimmter Manöver, Truppenbewegungen,

[193] Diese Regel ist etwa in Abs. 4 des in der „Friendly Relations"-Deklaration (Anm. 11) inkorporierten Prinzips der friedlichen Streitbeilegung und jüngst auch wieder in der Manila-Deklaration über die friedliche Beilegung internationaler Streitigkeiten (Anm. 118) formuliert worden. Vgl. auch *Dohna* (Anm. 107), 150.

[194] Neben den beiden im Vorstehenden genannten US-amerikanisch-sowjetischen Abmachungen sind hier noch zu nennen das französisch-sowjetische Abkommen über die Verhinderung eines zufälligen oder unautorisierten Einsatzes von Kernwaffen aus dem Jahre 1976, Text in: ILM 16 (1977), 285 f.; sowie das britisch-sowjetische Abkommen über die Verhinderung des Ausbruchs eines Kernwaffenkrieges aus Zufall aus dem Jahre 1977, Text in: Cmnd. 7072.

Truppenaufmärsche usw. in Grenznähe, in Krisengebieten und -zeiten usw. vorsahen. Konkret wurde dies etwa so formuliert, daß vorgeschlagen wurde ein Verbot militärischer Manöver, die eine bestimmte Größe überschreiten, bzw. ein Verbot militärischer Bewegungen in grenznahen Zonen überhaupt; ein Verbot militärischer Aktivitäten, die besonders bedrohlich wirken könnten (wobei hier auch gedacht worden ist, Zahl und/oder Umfang solcher Aktivitäten zu limitieren); ein Verbot militärischer Aktivitäten in Krisengebieten bzw. ein Verbot militärischer Manöver in Grenzgebieten, wobei darauf hingewiesen wurde, daß derartige „large-scale military manoeuvers ... the character of a threat of force" annehmen können; oder ein Verbot militärischer Manöver bzw. „of any show of force ... in general".[195] Andere operationell-restriktive V(S)BM hatten den Verzicht auf bestimmte (offensive) Waffensysteme und/oder Streitkräftestrukturen zum Gegenstand.[196] Gemeinsam ist derartigen Maßnahmen, daß sie u. a. zum Ziel haben, Angriffsoptionen der betreffenden Staaten zu beschneiden und so die Sicherheit anderer Staaten zu erhöhen.

Derartige Maßnahmen und Verbote, bzw. diesbezügliche, aus ihnen eventuell entstehende allgemein gültige Rechtssätze (etwa: es ist verboten, in Grenznähe, in Krisenzeiten, etc. offensive Streitkräftefigurationen aufzubauen) ließen sich — die ausdrückliche Ausrichtung der Maßnahme auf das Ziel „Erhöhung der Sicherheit" bedingt dies — zunächst dem Prinzip der internationalen Sicherheit korrelieren und als Konkretisierungen dieses allgemeinen Prinzips begreifen. Auf diesem Wege ließen sich besagte V(S)BM bzw. Rechtssätze dann auf indirektem Wege auch dem Gewaltverbot zuordnen: Wenn eine bestimmte operationell-restriktive V(S)BM die Sicherheit betroffener Staaten erhöht, indem sie bestimmten anderen Staaten deren Angriffsoptionen beschneidet und somit einen möglicherweise das Gewaltverbot verletzenden Angriff — statistisch gesehen — unwahrscheinlicher macht, dient sie damit auf mittelbare Weise auch der Verfestigung und Präzisierung des Gewaltverbots.

Man kann einige derartige V(S)BM aber auch auf direkte Art und Weise mit dem Gewaltverbot, genauer: mit dessen Teilelement des Verbots der *Androhung* von Gewalt, in Verbindung bringen. Wenn man nämlich unterstellt, daß diesen Maßnahmen auch der Gedanke zugrundeliegt, daß sie unzulässiges Zur-Schau-Stellen militärischer Macht, das von anderen Staaten in bestimmten Situationen als Gewaltmanifestation,

[195] Vgl. etwa die diesbezüglichen Vorschläge Belgiens, Finnlands, Frankreichs, Griechenlands, Jugoslawiens, Norwegens, Rumäniens sowie der USA, in: UN Doc. A/34/416 vom 5. 10. 1979. Die zitierten Beispiele wurden den Arbeitspapieren Belgiens, Frankreichs, Jugoslawiens und Rumäniens (in dieser Reihenfolge) entnommen.

[196] Diesbezügliche Vorschläge kamen von Norwegen und den USA. Vgl. die in vorstehender Anm. angegebene Quelle.

d. h. als implizite Drohung mit Gewalt verstanden werden könnte — dieser Gedanke klang in einigen der oben gerade zitierten Stellungnahmen der Staaten sehr deutlich an —, verhindern wollen, dann können derartige V(S)BM bzw. ein aus ihnen im Laufe der Zeit entstehendes allgemeines Verbot des demonstrativen und bedrohlichen Zur-Schau-Stellens militärischer Macht als unmittelbare Konkretisierungen des völkerrechtlichen Verbots der Androhung (physischer, bewaffneter, insbesondere militärischer) Gewalt angesehen werden.[197] Hier ist also die Chance gegeben, mittels bestimmter „operationell-restriktiver" V(S)BM das Verbot der Androhung von Gewalt in den internationalen Beziehungen zumindest in einem Teilbereich der gebotenen Klärung und Präzisierung zuzuführen.

Im übrigen könnte man das zu Beginn genannte V(S)BM-Beispiel des Verbots von Truppenbewegungen (Manövern, etc.) in Krisengebieten/-zeiten auch dem im vorhergehenden Unterabschnitt diskutierten Teilaspekt des Prinzips der friedlichen Streitbeilegung, demzufolge Streitparteien in einem Streitfall alles zu unterlassen hätten, was diesen Streitfall verschärfen könnte, zuordnen.[198] Desweiteren wurden einige derartige V(S)BM auch als mögliche Instrumente der Konkretisierung des Prinzips der Guten Nachbarschaft genannt.[199]

3. Zusammenfassung

Die eingangs gestellte Frage, inwieweit sich aus der Praxis bestimmter VBM/V(S)BM bestimmte neue Völkerrechtsregeln entwickeln könnten und sich so ggfs. eine Weiterentwicklung und/oder Konkretisierung des Völkerrechts und seines Normenbestandes ergeben könnte, kann nun wie folgt zusammenfassend beantwortet werden:

Aus der *Praxis* bestimmter *transparenzfördernder VBM* (und zwar transparenzfördernder VBM i.e.S. sowie Krisenkommunikations-VBM) könnte sich mit der Zeit ein „Prinzip der Offenheit (in militärischen Angelegenheiten)" des Inhalts, daß die betroffenen Staaten die Pflicht hätten, zum Zwecke der Gewährleistung der internationalen Sicherheit bestimmte Informationen über militärische Angelegenheiten zu gewährleisten (und zwar, bezogen auf die zuvor genannten zwei Unterkategorien transparenzfördernder VBM, entweder allgemein oder in Krisensituationen), herausbilden. Diese Pflicht kann dabei entweder aktiv formuliert sein, indem gefordert wird, daß die Staaten jene Information selbst aktiv

---

[197] Ein solches Verbot umfaßt selbstverständlich nicht alle Formen der Gewaltmanifestation. Drohungen etwa, die in Ausübung des Rechts auf individuelle oder kollektive Selbstverteidigung (Art. 51 SVN) vorgenommen werden (z. B. im Rahmen einer Verteidigungsstrategie der Abschreckung), werden weiterhin zulässig sein.

[198] Siehe noch einmal oben S. 92.

[199] Report (Anm. 135), § 51. Vgl. auch noch einmal oben Anm. 188.

geben; sie kann aber auch passiv so definiert sein, daß die betroffenen Staaten zumindest das Sammeln von Informationen durch andere Staaten dulden müssen.

Dieses Prinzip der Offenheit kann — unter völkerrechtsdogmatisch-systematischem Gesichtspunkt — als selbständiges völkerrechtliches Prinzip konstruiert werden. Es kann aber auch gewissen bereits existierenden allgemeinen Völkerrechtsprinzipien, i. S. einer Konkretisierung dieser Prinzipien, zugeordnet werden. Im einzelnen sind dies: das Prinzip der internationalen Sicherheit; das Prinzip der Zusammenarbeit zwischen den Staaten; sowie unter bestimmten Bedingungen *de lege ferenda*, das Prinzip der Guten Nachbarschaft.

Aus der *Praxis* bestimmter *Krisenkommunikations-VBM* ließen sich — neben einem Prinzip der Offenheit — gewisse Pflichten bzgl. der „Deeskalation" von Konflikten, insbesondere eine Pflicht zu deeskalierenden Verhandlungen und Kommunikation mit den Kontrahenten, ableiten. Derartige Pflichten könnten — wieder den völkerrechtsdogmatisch-systematischen Aspekt im Auge — dabei auch dem Prinzip der friedlichen Streitbeilegung („Pflicht, alles zu unterlassen, was einen Streitfall verschärfen könnte"), dem Prinzip der internationalen Sicherheit, dem Gewaltverbot sowie dem Prinzip der Zusammenarbeit der Staaten zugeordnet werden.

Aus der *Praxis* bestimmter *operationell-restriktiver V(S)BM* schließlich ließen sich gewisse Pflichten zur Vermeidung bestimmter offensiver und/oder bedrohlicher militärischer Aktivitäten oder Zustände entwickeln. Unter dogmatisch-systematischem Gesichtspunkt wiederum ließen sich diese Pflichten dem Prinzip der internationalen Sicherheit, teilweise dem Gewaltverbot (Teilaspekt „Verbot der Androhung von Gewalt"), einzelne jener V(S)BM (z. B. Verbot von Truppenaufmärschen in Grenznähe/in Krisenzeiten) auch dem Prinzip der friedlichen Streitbeilegung („Pflicht, alles zu unterlassen, was einen Streitfall verschärfen könnte") zuordnen, bzw. de lege ferenda als Konkretisierungen des Prinzips der Guten Nachbarschaft begreifen.

Folgende allgemeine Völkerrechtsprinzipien können also durch entsprechende VBM/V(S)BM-Praxis *konkretisiert* werden:

— Prinzip der internationalen Sicherheit;
— Gewaltverbot, bzw. Verbot der Androhung von Gewalt (durch gewisse Krisenkommunikations-VBM bzw. operationell-restriktive V(S)BM);
— Prinzip der friedlichen Streitbeilegung (durch gewisse Krisenkommunikations-VBM und gewisse operationell-restriktive V(S)BM);
— Prinzip der Zusammenarbeit zwischen den Staaten;
— Prinzip der Guten Nachbarschaft.

VI. Völkerrechtliche Rahmendaten für die Vereinbarung und Durchführung von VBM/V(S)BM

Nachdem im Vorgehenden untersucht worden war, inwieweit VBM/V(S)BM ggfs. zur Entwicklung neuen Völkerrechts, bzw. zur Konkretisierung bestehenden Völkerrechts beitragen können, soll nun — quasi in umgekehrter Sichtweise — geprüft werden, inwieweit denn das Völkerrecht seinerseits gestaltend auf VBM/V(S)BM wirken könnte. Konkreter gesprochen, soll der Frage nachgegangen werden, inwieweit das Völkerrecht Schranken errichtet, die die Staaten bei der etwaigen Vereinbarung (und Durchführung) von VBM/V(S)BM zu beachten haben und die sie dabei nicht überschreiten dürfen, inwieweit das Völkerrecht normative „Rahmendaten" aufstellt, die die Staaten bei der Gestaltung von VBM/V(S)BM zu berücksichtigen und mitzuverarbeiten haben, oder, wie die VN-Expertenstudie über VBM dies ausdrückt, gegenüber denen die Staaten jede einzelne vorgeschlagene VBM/V(S)BM „bewerten" können (und wohl auch zu bewerten hätten).[200]

Ausgangspunkt unserer Erörterungen soll wieder der in der VN-Expertenstudie zusammengestellte Kanon völkerrechtlicher Prinzipien sein.[201] Doch auch hier sind hinsichtlich dieses Kanons und seiner Brauchbarkeit im Zusammenhang vorliegender Fragestellung — wie auch schon im vorhergehenden V. Abschnitt — einige Einschränkungen vorzunehmen. Nicht alle der genannten Prinzipien lassen sich gleichermaßen sinnvoll zur gegenständlichen Problematik in Beziehung setzen. Als besonders einschlägig sollen hier lediglich die Prinzipien der Nichteinmischung, der Erfüllung völkerrechtlicher Verpflichtungen nach Treu und Glauben, sowie der Gleichheit der Staaten herausgegriffen und einer eingehenden Würdigung zugeführt werden. Bei zwei anderen Prinzipien, nämlich dem Gewaltverbot und dem Prinzip der friedlichen Streitbeilegung, erscheint dies müßig, da sich deren Einbezug in jede Erwägung von VBM/V(S)BM aufgrund der expliziten Funktion von VBM/V(S)BM als Instrumente *friedlicher* und friedenssichernder Staatenbeziehungen selbstredend ergibt, bzw. jene beiden Prinzipien von vornherein — qua definitione — Bestandteile des gesamten VBM-Konzeptes sind. Das gleiche gilt — mutatis mutandis — für das — nicht im Prinzipienkatalog der VN-Expertenstudie genannte — Prinzip der internationalen Sicherheit.

---

[200] Study (Anm. 10), § 90.

[201] Vgl. noch einmal die Aufzählung oben S. 81.

Andererseits bedürfen zwei weitere im o. a. Prinzipienkatalog enthaltene Prinzipien, nämlich das Prinzip der Zusammenarbeit, soweit es sich auf eine Zusammenarbeit zur „Förderung der Achtung der Menschenrechte" bezieht, sowie das Prinzip der gleichen Rechte und der Selbstbestimmung der Völker einiger kritischer Anmerkungen. Zunächst ist daran zu erinnern, was oben schon zu diesen beiden Grundsätzen kritisch angemerkt worden ist, nämlich daß diese Prinzipien in einem Prinzipienkatalog, der sich in erster Linie an *Staaten* als Akteure der internationalen Politik und nicht an die (in Staaten organisierten) Menschen schlechthin wendet, unter dogmatisch-systematischen Gesichtspunkten fehl am Platze sind. Doch selbst wenn irgendwie glaubhaft gemacht werden könnte, daß die Belange der einzelnen Menschen (bzw. bestimmter sozialer Einheiten wie etwa der „Völker") dennoch in irgendeiner Weise bei der Vereinbarung und/oder Durchführung militärischer VBM/V(S)BM *unmittelbare* Berücksichtigung zu erfahren hätten: Was würde dies für die praktisch-politische Umsetzung von VBM/V(S)BM bedeuten? Ist damit gemeint, daß VBM/V(S)BM immer auch daraufhin zu prüfen sein werden, ob sie mit den „Menschenrechten" (wie immer deren konkreter Gehalt jeweils auch zu definieren sein mag) bzw. mit dem Selbstbestimmungsrecht der Völker in Einklang stehen, bzw. nur solche VBM vereinbart werden dürfen, die nicht gegen irgendwelche „Menschenrechte" oder das „Selbstbestimmungsrecht der Völker" verstoßen? Darüber hinaus wirft speziell der Einbezug des Prinzips der Selbstbestimmung der Völker — abgesehen davon, daß schon der Versuch der näheren Bestimmung dessen, was denn nun ein „Volk" sei, immense Probleme aufwirft, die jenes Prinzip, zumindest für den gegebenen Zusammenhang, inoperational machen würden — aus spezifisch westlicher Sicht einige nicht zu gering zu schätzende Probleme auf: Bekanntlich wird der Selbstbestimmungsgrundsatz von einer Reihe von Staaten in einem ganz bestimmten Sinn, nämlich mit „antikolonialer" Stoßrichtung, begriffen. Die diesbezüglichen Äußerungen der Staaten der Dritten Welt, aber auch sozialistischer Staaten, insbesondere im Rahmen der VN, sind notorisch.[202] Eine derartige Interpretation jenes Prinzips unterstellt, würde dies in der Folge ja wohl bedeuten, daß nur mehr solche VBM/V(S)BM vereinbart werden dürften, die sich in den „antikolonialen" Kampf — was immer dies im einzelnen sein mag — einpassen lassen. Ob ein Einbezug jenes Prinzips in einen zur normativen

[202] Vgl. dazu sowie zum folgenden, speziell auch im Hinblick auf den Bereich der Abrüstung, Rüstungskontrolle, Sicherheit usw. *Hans-Joachim Schütz*, Völkerrechtliche Rahmenbedingungen einer Abrüstungsplanung in der Bundesrepublik Deutschland (unter besonderer Berücksichtigung neuerer Entwicklungen in den Vereinten Nationen), in: *Volker Rittberger* (Hrsg.), Neue Wege der Abrüstungsplanung. Organisationsprobleme und Reformoptionen im internationalen Vergleich, Baden-Baden 1981, 291—306 (302 f.).

Eingrenzung von VBM/V(S)BM erstellten Katalog völkerrechtlicher Prinzipien wirklich sinnvoll ist, ist aus westlicher Sicht daher mehr als fraglich, zumal bekannt ist, daß die oben genannten Staaten bei der Inhaltsbestimmung „ihres" Prinzips der Gleichheit und Selbstbestimmung der Völker hinsichtlich des Kriteriums „antikolonial" äußerst erfindungsreich und nicht gerade zimperlich vorgehen und diesen Begriff mehr als einmal in einem betont anti-westlichen Sinn definiert haben. Hier erweist sich also schlaglichtartig wieder einmal die Problematik der unbedachten und unkritischen Übernahme „modischer" Rituale aus vordergründigen taktisch-politischen Motiven!

Doch nun zu denjenigen Prinzipien, die im vorliegenden Zusammenhang einschlägig erscheinen:

1. Grundsatz der Nichteinmischung

Eine erste Schranke bei der Vereinbarung und/oder Durchführung von VBM/V(S)BM könnte das Interventionsverbot, bzw. das Prinzip der Nichteinmischung, welches die Einmischung in die inneren Angelegenheiten der Staaten verbietet, abgeben. So könnte argumentiert werden, daß das Sammeln militärischer Information eine Einmischung in die inneren Angelegenheiten des betreffenden Staates darstellte, „Spionage" wäre, o. ä. Nun ist es aber so, daß gerade die völkerrechtliche Regelung einer Materie, die vielleicht, grundsätzlich betrachtet, wirklich zu den vorbehaltenen Rechten der Staaten gehört, diese so geregelte Materie dem ausschließlich innerstaatlichen Bereich enthebt. Durch die Vereinbarung einer bestimmten VBM/V(S)BM wird ja gerade festgelegt, daß ein bestimmter Bereich einzelstaatlicher (hier: militärischer) Tätigkeit nun nicht mehr zu den ausschließlich nur diesen Staat interessierenden Angelegenheiten gehört, sondern fortan von gemeinsamem Interesse für alle an der Vereinbarung beteiligten Staaten ist. Durch eine derartige Vereinbarung z. B. über bestimmte transparenzfördernde VBM wird eine entsprechende informationssammelnde Tätigkeit von Staaten geradezu „legalisiert" und so einer etwaigen Qualifizierung solcher Tätigkeit als „Einmischung in innere Angelegenheiten", „Spionage" etc. der Boden entzogen.[203] Dies allerdings zugegebenermaßen nur solange, als

[203] Ein Beispiel für diese Konsequenz aus einem anderen Bereich wären die Bestimmungen der KSZE-Schlußakte über die Gewährleistung der Menschenrechte. Gerade dadurch, daß die 35 Unterzeichnerstaaten Regelungen über Menschenrechte in die Schlußakte aufgenommen und zusätzlich einer periodischen Überprüfung der Verwirklichung der betreffenden Abmachungen zugestimmt haben, haben sie diesen Bereich der ausschließlich innerstaatlichen Zuständigkeit entzogen und auf die internationale Ebene gehoben, bzw. die internationale Debatte über diesen Bereich erlaubt. Jedenfalls kann die Debatte über den Zustand der Menschenrechte in einem bestimmten Staat demnach nicht mehr als Einmischung in die inneren Angelegenheiten dieses Staates abgetan werden. Vielmehr stellt nun umgekehrt die Weigerung, über den Stand der Menschenrechte

die betreffenden Staaten sich im Rahmen der Vereinbarung halten. Gehen sie über die ihnen in der Vereinbarung zugestandenen Rechte hinaus und erkunden z. B. militärische Bereiche, die in der betreffenden Vereinbarung keiner Regelung unterworfen worden waren, so könnte ggfs. in der Tat der Nichteinmischungsgrundsatz zur Qualifizierung dieses Verhaltens herangezogen werden.

2. Grundsatz der Erfüllung völkerrechtlicher Verpflichtungen nach Treu und Glauben

Eng mit dem zuletzt Gesagten hängt die Pflicht der Staaten zusammen, völkerrechtliche Verpflichtungen nach Treu und Glauben (bona fide) zu erfüllen.[204] Auf unseren Zusammenhang übertragen bedeutet dieser Grundsatz zum einen, daß die Partner einer Vereinbarung bei deren Durchführung — wie dies eben vorhin schon angesprochen worden ist — im vorgezeichneten Rahmen zu verbleiben haben und einzelnen Bestimmungen der Vereinbarung nicht eine solche Interpretation geben dürfen, die ein — extensives oder restriktives — Abweichen vom ursprünglich Vereinbarten bedeuten würde. Zum anderen impliziert jener Grundsatz umgekehrt aber wohl auch, daß es einem Staat verwehrt ist, einen anderen Staat, der vereinbarungsgemäß von seinen Rechten Gebrauch macht, grundlos der mala fide-Erfüllung der betreffenden Vereinbarung zu zeihen, um ihm dann unter Berufung darauf vielleicht die künftige Beanspruchung von Rechten aus der Vereinbarung streitig zu machen und verbieten zu wollen. Dies wäre seinerseits — die Vertragstreue des anderen Staates unterstellt — ein mala fide-Verhalten des ersteren Staates. Zwar ist unter dem hier angeschnittenen Gesichtspunkt — dasselbe gilt hinsichtlich des oben diskutierten Nichteinmischungsgrundsatzes — klar, daß es selbstverständlich immer zu Streitigkeiten über die

---

diskutieren zu wollen, einen Bruch der Vereinbarungen dar. — Im übrigen ist hier noch einmal ein Gedanke aufzugreifen und auszuführen, der oben bei Anm. 180 angedeutet worden war: Zwar ist einerseits der Nichteinmischungsgrundsatz, wie in diesem Unterabschnitt eben dargelegt worden ist, als Behelf anzusehen, mittels dessen den Staaten gewisse normative Orientierungswerte bzgl. der konkreten Gestaltung von VBM/V(S)BM gesetzt werden. Andererseits kann man aber umgekehrt durchaus auch sagen — und auch dies wurde gerade in den obigen Ausführungen deutlich —, daß der Nichteinmischungsgrundsatz durch die Vereinbarung transparenzfördernder VBM bzw. durch aus solchen erwachsende Rechtsregeln, wie auch durch andere VBM/V(S)BM und aus ihnen erwachsende Rechtsregeln seinerseits eine gewisse Qualifizierung, „Konkretisierung", erfährt: Durch derartige Vereinbarungen werden die „inneren Angelegenheiten" der betreffenden Staaten, zu deren Schutz das Nichteinmischungsprinzip grundsätzlich berufen ist, und damit eben auch der Nichteinmischungsgrundsatz als solcher, näher bestimmt und konkretisiert.

[204] Allgemein zu diesem Grundsatz *Verdross / Simma* (Anm. 58), 234 f. Vgl. auch *Elisabeth Zoller*, La bonne foi en droit international public, Paris 1977, sowie die ausgezeichnete Besprechung dieses Werkes durch *Michel Virally*, in: American Journal of International Law 77 (1983), 130—134.

Grenzen einer Vereinbarung kommen kann. Dies ist aber nur ein Beweis mehr für die Berechtigung des weiter oben geführten Plädoyers für die *möglichst genaue* Bestimmung dessen, was die Rechte und Pflichten der Beteiligten aus der jeweiligen Vereinbarung sind.[205]

3. Grundsatz der Gleichheit der Staaten, bzw. der „gleichen Sicherheit"

Eine große Rolle in der Diskussion über VBM/V(S)BM (wie in der Abrüstungs/Rüstungskontrolldiskussion allgemein) spielt der Grundsatz der Gleichheit der Staaten. Auch die VN-Expertenstudie über VBM nimmt mehrmals auf diesen Grundsatz Bezug.[206] Gelegentlich wird an Stelle des Begriffes „Gleichheit" auch der der „gleichen Sicherheit" ins Spiel gebracht. Es ist insbesondere die Sowjetunion, die diesen Terminus gebraucht. Was bedeuten Gleichheit bzw. „gleiche Sicherheit" in unserem Zusammenhang nun aber konkret?

Der Gleichheitsgrundsatz gehört mit zu den im Völkerrecht am meisten umstrittenen Prinzipien. Eine Wurzel dafür liegt sicherlich darin, daß Gleichheit schon unter philosophischem Aspekt grundsätzlich auf zweierlei Art begriffen werden kann.[207] Als Kern dessen, was allseits übereinstimmend als sachlicher Geltungsbereich des Prinzips der Gleichheit der Staaten anerkannt ist, kann allerdings der Satz angesehen werden, daß Gleichheit der Staaten die (formale) Gleichheit aller Staaten „vor dem Recht" meine. Damit ist im wesentlichen die Gewährleistung einer bestimmten „prozessualen" Rechtsstellung bezeichnet. Nicht anerkannt ist dagegen die Folgerung, daß Gleichheit der Staaten allgemein auch die Gleichheit *der* Rechte, oder m.a.W., die Gleichheit aller Staaten „im Recht" bedeute. Diese Aussage gilt allerdings nur in genereller Hinsicht. Es gibt nämlich durchaus spezifische Bereiche der Staatenbeziehungen — hier ist etwa der Bereich der wirtschaftlichen Beziehungen der Staaten zu nennen —, in denen der Gleichheitssatz i. S. auch der „Gleichheit im Recht" für bestimmte konkrete Fälle festgeschrieben worden ist[208] (wie es umgekehrt auch vorkommt, daß in zwischenstaatlichen Abmachungen ausdrücklich auch *Un*gleichheiten festgeschrieben werden).

Die in der Rüstungskontrolldiskussion und insbesondere auch in den Debatten um VBM/V(S)BM gebrauchte Spezifizierung der „gleichen

---

[205] Vgl. oben S. 35 f. sowie S. 78.

[206] Study (Anm. 10), §§ 43, 90, 91. Vgl. auch die KSZE-Schlußakte sowie das Schlußdokument der 1. VN-Sondergeneralversammlung über Abrüstung.

[207] *Aristoteles*, Nikomachische Ethik, Buch V. Vgl. dazu sowie zum folgenden grundsätzlich *Wilfried Schaumann*, Die Gleichheit der Staaten. Ein Beitrag zu den Grundprinzipien des Völkerrechts, Wien 1957; *P. H. Kooijmans*, The Doctrine of the Legal Equality of States. An Inquiry into the Foundations of International Law, Leiden 1964; *Dahm* (Anm. 145), 161 ff.; *Dohna* (Anm. 107), 158 ff.

[208] Vgl. dazu m. N. für den Bereich der wirtschaftlichen Beziehungen der Staaten *Wilhelm Kewenig*, Der Grundsatz der Nichtdiskriminierung im Völkerrecht der internationalen Handelsbeziehungen, Frankfurt/Main 1972.

Sicherheit" könnte nun als ein Indiz für den Versuch gewertet werden, den Gleichheitsgrundsatz auch bzgl. des Bereiches der Sicherheitsbeziehungen zwischen den Staaten zu konkretisieren und ihn namentlich i. S. eines materiellen Gleichheitsprinzips (d. h. i. S. eben einer Gleichheit „im Recht") weiterzuentwickeln. Dieses würde bedeuten, daß Staaten aus einer Vereinbarung über VBM/V(S)BM im Zweifel, d. h. wenn nichts anderes bestimmt ist (hier soll noch einmal darauf hingewiesen werden, daß Staaten, wenn sie wollen, durchaus auch ungleiche Rechte und Pflichten für die einzelnen Partner einer Vereinbarung festlegen können), die gleichen Rechte und Verpflichtungen erwachsen müßten. In diesem Sinne ist der Begriff der gleichen Sicherheit ausdrücklich schon früher einmal in internationale Abrüstungsverhandlungen eingeführt worden, und zwar in die Beratungen der Vorbereitenden Kommission für eine Abrüstungskonferenz in Genf 1925—1930, bzw. auf der in den Jahren 1932/33 abgehaltenen Genfer Abrüstungskonferenz selbst. Damals war es das Deutsche Reich, das sich auf jene Formel berufen und mit ihr versucht hat, den eigenen Rüstungsstand quantitativ und qualitativ an den anderer Staaten so anzugleichen, daß auch Deutschland das gleiche Maß an Sicherheit genösse wie alle anderen betreffenden Staaten, und zwar entweder auf die Art und Weise, daß alle anderen Staaten auf das gleiche Maß, wie es dem deutschen Reich im Versailler Vertrag diktiert worden war, abrüsteten, oder aber, indem es dem Deutschen Reich zumindest erlaubt würde, seinerseits durch Nachrüstung auf dem militärischen Sektor mit den anderen, hochgerüsteten Staaten ungefähr gleichzuziehen. Hier tritt also ganz deutlich das Verständnis von „gleicher Sicherheit", das einer Gleichheit „im Recht" entspricht, zutage. Bemerkenswert in diesem Zusammenhang ist, daß es damals vor allen anderen auch die — ebenfalls wie Deutschland von den anderen Staaten isolierte — Sowjetunion war, die diese Vorstellung von „gleicher Sicherheit" verfocht und das diesbezügliche Ansinnen des Deutschen Reiches unterstützte.[209]

Selbst dann aber, wenn man den Gleichheitssatz derart im Sinne einer (materiellen) Gleichheit „im Recht", „der Rechte" formuliert und präzisiert hat, bleiben diesbezüglich jedoch durchaus noch unterschiedliche Interpretationsmöglichkeiten (bzw. Möglichkeiten des „Mißverständnisses") und somit ein Bedarf nach weiterer Präzisierung des Gleichheitssatzes bestehen. Gleichheit (der Leistung) kann nämlich in einem sozusagen absoluten, aber auch in einem relativen Sinn verstanden werden.

[209] Zu dem Gesamten ausführlicher *Karl Schwendemann*, Gleiches Recht und gleiche Sicherheit, Berlin 1934, insb. 85 ff.; *ders.*, Abrüstung und Sicherheit, Handbuch der Sicherheitsfrage und der Abrüstungskonferenz, Bd. 1, 2. Aufl. Leipzig o. J. (1933), passim, und Bd. 2, Berlin o. J. (1936), insb. 207 ff. Zur Haltung der Sowjetunion siehe etwa im 1. Band des eben genannten zweibändigen Werkes, a.a.O., 218.

Ein Beispiel, konkret für den VBM/V(S)BM-Bereich, soll verdeutlichen, was gemeint ist: Wenn im Zuge einer VBM-Vereinbarung für Europa eine Beobachtungszone (oder auch eine in bestimmter Weise näher spezifizierte Zone begrenzter Rüstung, um ein Beispiel für eine operationell-restriktive V(S)BM zu nehmen) vereinbart würde, deren Ausdehnung — von der Demarkationslinie zwischen den beiden Blöcken an gerechnet — sich in jeder Richtung (d. h. nach Ost und West) auf 1.000 km erstrecken sollte, so wird sofort einsichtig, daß die betreffenden Verpflichtungen zwar einerseits sicherlich (in einem absoluten Sinn) gleich, ihre Wirkungen dagegen äußerst ungleich wären. Zwar wäre dem Gleichheitssatz in einem absoluten Sinne insofern Genüge getan, als beide Seiten ja die gleiche Leistung (nämlich einen 1.000 km breiten Streifen zu demilitarisieren, bzw. in einem solchen Streifen Informationsgewinnung durch die andere Seite zuzulassen) erbringen würden. Blickt man dann aber auf die Landkarte, so wird sich zeigen, daß die eine Seite (hier die westliche) faktisch ihr gesamtes Territorium bis zum Atlantik (Frankreich einmal mitgerechnet) in die Vereinbarung einbrächte (und damit ihren Sicherheitsbereich vollständig zur Disposition stellte), während die andere, die östliche Seite entsprechende Verpflichtungen nur ungefähr bis zur polnisch-sowjetischen Grenze einginge (und ihr hinter dieser Linie befindliches Militärpotential unerfaßt bliebe). In der Tat ist es gerade diese Interpretation, die die Sowjetunion dem Gleichheitssatz, bzw. der Formel von der „gleichen Sicherheit" gelegentlich gibt.[210]

Daß eine derartige Interpretation nicht haltbar ist, wird unmittelbar einleuchten. Konsequent zu Ende gedacht — das hat unser, das mögliche Extrem einbeziehende Beispiel gezeigt — würde jene Interpretation zu absurden Ergebnissen führen. Jedenfalls ist evident, daß dann von Gleichheit, zumindest von „gleicher Sicherheit", wohl nicht gesprochen werden kann. Infolgedessen wird man daher den (materiellen) Gleichheitssatz in diesem Zusammenhang in differenzierterer Weise anwenden müssen: Gleichheit ist demnach in einem solchen Fall nicht so zu begreifen, daß alle Beteiligten unbedingt genau die gleiche Leistung zu erbringen hätten, sondern — indem die spezifischen Wirkungsbedingungen des konkreten Falles in Rechnung gestellt werden — derart, daß die betreffenden Maßnahmen *in ihrer Wirkung* ungefähr gleich zu bewerten

[210] So haben die Warschauer Pakt-Staaten z. B. bei den Wiener Truppenreduzierungsgesprächen entsprechend eine numerisch gleiche Reduktionsrate für beide Seiten vorgeschlagen. Konsequent zu Ende gedacht könnte dies — bei einer gegebenen Überzahl der östlichen Seite — bedeuten, daß auf der einen, der westlichen Seite theoretisch auf Null abgerüstet werden müßte, während der anderen, der östlichen Seite immer noch eine Anzahl von Truppen, welche ihrem jetzigen Überhang entspräche, verbliebe. Aber auch bei den Genfer Gesprächen über die Begrenzung nuklearer Mittelstreckenwaffen hat sich die Sowjetunion einem solchen Verständnis verschrieben. Vgl. dazu jüngst *Christopher D. Jones*, Equality and Equal Security in Europe, in: Orbis 26 (1982), 637—664.

wären. Völlig zutreffend ist in diesem Zusammenhang demzufolge auch hervorgehoben worden, daß Gleichheit, gleiche Sicherheit und militärisches Gleichgewicht ja „kein mathematisches Rechenexempel" seien, sondern „vor allem an den Wirkungsbedingungen zu messen" seien, insofern also eine „qualitative Kennziffer" darstellten.[211] Und in der Tat: Das Prinzip wird ja nicht „gleiche Zahl", „gleiche Beschränkung", „gleiche Reduktion" oder wie auch immer, sondern „gleiche Sicherheit" genannt. Bezugsobjekt ist also die (militärische) Sicherheit als Zielzustand. Sie gilt es jeweils gleichermaßen zu gewährleisten.

Es ist bemerkenswert und wohl auch kein Zufall, daß auch die VN-Expertenstudie über VBM diesem Verständnis von „gleicher Sicherheit" zuneigt. Sie sagt dazu in ihrem Kapitel über „Principles": „The Group wishes to draw special attention to the fact that the adoption of these measures [i. e. confidence-building measures] should take place in an equitable and balanced manner that ensures the right of each State to undiminished security and also ensures that no individual State or group of States obtains advantages over others at any stage, taking into account the right of all States to participate on an equal footing in international efforts and negotiations."[212] Hier wird also der Gleichheitssatz in sehr differenzierter Weise angegangen. Dabei werden beide Aspekte des Gleichheitssatzes angesprochen, der formale wie der materielle, wobei ganz deutlich wird, daß es sich beim formalen Gleichheitssatz um eine prozessuale Garantie handelt („... participate on an equal footing ..."). Hinsichtlich des materiellen Aspekts des Gleichheitssatzes wiederum wird deutlich gemacht, daß man ihn in bezug auf die Sicherheit der Staaten in relativer Weise begreift — i. S. der Interpretation, die auch hier gefordert wird —, wobei bemerkenswert ist, daß die Studie in diesem Zusammenhang den Begriff der „equal security" vermeidet und zur Verdeutlichung stattdessen den Begriff der „undiminished security" verwendet.[213] Für dieses Verständnis von (materieller) Gleichheit im Sicher-

---

[211] *André Brie / Manfred Müller*, Militärische Parität — Grundlage und Bedingung der Friedenssicherung und Abrüstung, in: Deutsche Außenpolitik 27 (1982), Heft 4, 5—21 (19). Ähnlich zwei andere DDR-Autoren — *Lange / Schwarz* (Anm. 39), 135 — konkret auf VBM bezogen: „Gleichheit", „Gleich*wertig*keit der Maßnahmen", „gleiche Sicherheit" (unsere Hervorhebung). Im selben Sinn, als westliche Stimme, vgl. *Friedrich Ruth*, Die Wiener Verhandlungen über beiderseitige und ausgewogene Truppenverminderung, in: *Erhard Forndran / Paul J. Friedrich* (Hrsg.), Rüstungskontrolle und Sicherheit in Europa, Bonn 1979, 193—206 (200 f.).

[212] Study (Anm. 10), § 91; vgl. auch § 43.

[213] Dieser Begriff wird vom Westen favorisiert; vgl. *Ruth* (Anm. 211), 201 f. Es gibt aber auch Autoren aus dem sozialistischen Lager, die sich — neben dem Begriff der „gleichen Sicherheit" — auch den der „unverminderten Sicherheit" zu eigen machen; vgl. etwa *Karin Meier / Siegfried Zeimer*, Gebot der Friedenssicherung, Abrüstung und Völkerrecht der Gegenwart, in: Deutsche Außenpolitik 28 (1983), Heft 2, 69—79 (74 f.).

heitsbereich lassen sich im übrigen Beispiele auch aus anderen, älteren Rüstungskontrollvereinbarungen anführen. So spricht etwa das sog. McCloy-Zorin-Abkommen aus dem Jahre 1961 davon, daß „[a]ll measures of general and complete disarmament should *be balanced* so that at no stage of the implementation of the treaty could any State or group of States gain military advantage and that *security is ensured equally for all*".[214] Die gleiche Philosophie liegt später etwa auch den SALT-Vereinbarungen zugrunde.[215] Es gibt also durchaus Präzedenzien dafür, daß sich auch die Sowjetunion einem Verständnis von „Gleichheit" in dem von uns hier geforderten Sinn verschreibt. Zugegebenermaßen wird es im konkreten Einzelfall nicht immer ganz einfach sein, Kriterien für das Maß der „unverminderten" oder auch „gleichen Sicherheit" zu finden, bzw. sich auf solche Kriterien zu einigen. Dies kann jedoch hier dahingestellt bleiben; worauf es hier nur ankam, war, das Prinzip als solches herauszuarbeiten und deutlich zu machen.

Auf eine weitere spezifische Interpretation, die dem Begriff der gleichen Sicherheit von der Sowjetunion gelegentlich gegeben wird, braucht hier nur kursorisch eingegangen zu werden. Die Sowjetunion versteht „gleiche Sicherheit" gelegentlich auch in dem Sinn, daß ein solches Verhältnis der gleichen Sicherheit aufgrund von Rüstungskontrollvereinbarungen jeweils nur zwischen ihr und der anderen Supermacht, den USA, zu gewährleisten wäre, diese Norm aber für die anderen, kleineren Verhandlungspartner nicht in Anwendung gebracht werden müßte.[216] Es ist so offensichtlich, daß diese Auffassung — zumindest, wenn sie als generelle Richtlinie gelten sollte — für Verhandlungen und Abmachungen, an denen neben den beiden Supermächten auch noch andere Staaten teilnehmen, nicht haltbar ist, daß es hier keiner weiteren umfangreichen Erörterungen dazu bedarf: Zwar können zwei Verhandlungspartner in einem größeren Verhandlungskontext durchaus spezifische zweiseitige Abmachungen — mit Wirkung inter se — treffen. Sofern aber jene Abmachungen konkrete Auswirkungen auch auf die anderen,

[214] Joint Statement of Agreed Principles for Disarmament Negotiations, Text in: UN Doc. A/4879 vom 20. 9. 1961. Hervorhebung durch Verf.

[215] So etwa *Y. Rybkin / S. Kortunov*, Military Parity as a Factor of Security, in: International Affairs (Moskau), 8/1982, 45—53 (46). Vgl. dazu etwa auch die entsprechenden Formulierungen in der sowjetisch- US-amerikanischen Declaration on Basic Principles of Relations between the USA and the USSR vom 29. 5. 1972, Text in: ILM 11 (1972), 756 ff.; der Präambel zum SALT-II-Vertrag vom 18. 6. 1979, Text in: ILM 18 (1979), 1112 ff; sowie dem gemeinsamen US-amerikanisch-sowjetischen Statement of Principles and Basic Guidelines for subsequent Negotiations on the Limitation of Strategic Arms vom selben Tag, ibid., 1137.

[216] Vgl. etwa die Nachweise bei *Gerhard Wettig*, Notwendiges zum eurostrategischen Problem, in: Osteuropa 32 (1982), 929—935 (931). Siehe dazu ausführlicher auch *ders.*, Umstrittene Sicherheit. Friedenswahrung und Rüstungsbegrenzung in Europa, Berlin 1982, 28 ff.

zu dem genannten größeren Verhandlungskontext gehörenden Akteure haben sollten, so hätten diese Akteure zumindest ihre Zustimmung zu jenen spezifischen Regelungen zu geben. Dies ergibt sich schon allein aus dem allgemeinen Souveränitätsgrundsatz, bzw. formalen Gleichheitssatz. „Gleiche Sicherheit" ist insofern also immer gleiche Sicherheit „für alle". Daß jene Auffassung zumindest für VBM/V(S)BM-Abmachungen aber ohnehin nicht gelten soll, macht die VN-Expertenstudie insofern unzweideutig klar, als auch sie hervorhebt, daß „the right of *each* State to undiminished security"[217] zu gewährleisten sei. Eine deutliche Aussage in diesem Sinne enthält andererseits auch etwa das o. a. McCloy-Zorin-Abkommen.[218]

Im übrigen ist hier noch ein Wort zur Begriffswahl zu sagen, wobei im Ergebnis ähnliches zu sagen ist wie weiter oben hinsichtlich des Begriffes „Offenheit": Zwar scheint der Begriff der „unverminderten Sicherheit" das — auch in der VN-Expertenstudie zum Ausdruck kommende — Anliegen, die Sicherheit der an einer VBM/V(S)BM-Abmachung beteiligten Staaten gleichermaßen zu gewährleisten, deutlicher zu machen als der Begriff der „gleichen Sicherheit". Andererseits ist aber durchaus denkbar, daß auch zum Begriff der „unverminderten Sicherheit" unterschiedliche Interpretationen vorgebracht werden. So wäre vorstellbar, daß ein Staat einerseits „unvermindert" als Maßstab dafür begreift, daß sich seine (reale) Sicherheit gegenüber anderen Staaten im Effekt nicht verschlechtere; ein anderer Staat dagegen könnte „unvermindert" wiederum, im Hinblick etwa auf ein vor einer eventuellen Beschränkungsvereinbarung bestehendes Ungleichgewicht in den Militärkapazitäten zweier Staaten, auf dieses Ungleichgewicht beziehen und fordern, daß jene zuvor bestehende Relation auch durch eine neue Vereinbarung nicht „vermindert" werden dürfe. Auf der anderen Seite aber ist der Begriff der „gleichen Sicherheit" ja nicht von vornherein so festgelegt, daß sich Interpretationen, wie sie weiter oben dargestellt und als im gegebenen Zusammenhang nicht haltbar befunden worden

---

217 Study (Anm. 10), § 91. In diesem Zusammenhang ist auch die weitere Spezifikation zu beachten, die die VN-Expertenstudie an dieser Stelle trifft. Weiter heißt es nämlich, daß gesichert sein müsse, „that no individual State or group of States obtains advantages over others at any stage", dabei „taking into account the right of all States to participate on an equal footing in international efforts and negotiations". Wenn jene „no advantage"-Formel an dieser Stelle der Studie überhaupt einen tieferen Sinn haben kann, dann doch nur den, daß unter Bezugnahme auf den formalen Gleichheitssatz allen an VBM/V(S)BM-Vereinbarungen beteiligten Staaten zugesichert werden soll, daß für den Fall, daß in den betreffenden Verhandlungen bestimmte sie berührende sicherheitsrelevante Abmachungen getroffen werden, sie an einer diesbezüglichen eventuellen Abmachung gleichberechtigt mitzuwirken hätten, oder zumindest eine diesbezügliche Abmachung ihnen aufgrund jener Formel — gleichsam wie mittels einer Meistbegünstigungsklausel — allen zugutekommen soll.

218 Textfundstelle in Anm. 214: „. . . that security is ensured equally for all".

waren, zwangsläufig ergeben. Im Grunde genommen — und dies ist die eingangs apostrophierte Parallele zum Begriff der „Offenheit“ — geht es demnach gar nicht so sehr um die Begriffe als solche. Worum es vielmehr geht ist, daß jeweils genau bezeichnet würde, was im einzelnen Fall konkret unter den betreffenden Begriffen (sei es „gleiche“, sei es „unverminderte Sicherheit“) zu verstehen ist, so daß eventuellen einseitigen Interpretationsversuchen der Weg verstellt wäre.

Fazit: Der Gleichheitssatz ist — sofern nichts Gegenteiliges vereinbart wird — in der Tat als völkerrechtliches Rahmendatum bei der Vereinbarung bzw. Durchführung von VBM/V(S)BM heranzuziehen. Dem Begriff der „Gleichheit“ oder aber auch dem der „gleichen Sicherheit“ darf dabei jedoch keine Deutung gegeben werden, die eine Minderung der Sicherheit der betreffenden Staaten implizieren würde. Der von der VN-Expertenstudie in diesem Zusammenhang benutzte Begriff der „unverminderten Sicherheit“ bringt dies zum Ausdruck.

Andererseits verbietet sich auch eine Interpretation des Begriffes „gleiche Sicherheit“, die derartige Sicherheit nur einem Teil der Partner einer Abmachung zugestehen, andere Partner dieser Vereinbarung von der Geltung jenes Gleichheitssatzes jedoch ausschließen wollte.

Hinsichtlich der Begriffswahl schließlich („gleiche Sicherheit“ oder „unverminderte Sicherheit“?) wird hier die Meinung vertreten, daß es nicht so sehr auf die Begriffswahl als solche ankommt, sondern vielmehr darauf, die Begriffe — welchen auch immer man letztlich wählen mag — eindeutig zu umschreiben, um damit einseitige Interpretationen der Begriffe unmöglich zu machen oder zumindest zu erschweren.

VII. VBM und Verifikation

Als nächstes soll zusammengefaßt der Problembereich „VBM und Verifikation" einer Betrachtung unterzogen werden. Vereinzelt war oben schon auf Fragen aus diesem Themenbündel eingegangen worden.[219]

Das Verhältnis von Verifikation einerseits und VBM bzw. Vertrauensbildung andererseits ist ein mehrschichtiges. Zum einen haben Verifikation, abstrakt formuliert zunächst als die Überprüfung einer Tatsache (konkreter: die Prüfung, ob ein Partner einer Rüstungskontrollvereinbarung in der Tat seine Verpflichtungen aus der Vereinbarung wie vorgesehen erfüllt hat)[220] und VBM insofern etwas gemein, als beide Maßnahmen darauf abzielen, Informationen zur Erhöhung des Wissensstandes des betreffenden Akteurs (mit dem weiteren Ziel der Schaffung und/oder Erhöhung der Sicherheit dieses Akteurs) zu erwerben.[221] Mittels Verifikation würde so auf seiten des verifizierenden Staates Vertrauen (in dem wie oben definierten Sinne)[222] hergestellt — sofern nicht ohnehin *vollständiges* Wissen (welches Vertrauen überflüssig machen würde) hergestellt würde.

Eine zweite Verbindungslinie zwischen Verifikation und VBM, bzw. Vertrauensbildung wird gelegentlich gezogen, indem auf den Akt der *Vereinbarung* einer Verifikation abgestellt wird. So wird gesagt, daß, wenngleich Verifikation als eine Form der Kontrolle grundsätzlich zwar wohl eher als Maßnahme des Mißtrauens denn von Vertrauen anzusehen sei, andererseits das Einwilligen in Kontrolle doch auch als Ausdruck von „gutem Willen" und als vertrauensfördernd (in einem mehr „atmosphärischen" Sinn, im Sinne der „Klimaverbesserung", etc.) angesehen werden sollte.[223] Dieser These liegt ganz offensichtlich der primär „subjektive" Vertrauensbegriff[224] zugrunde. Inwieweit diese Art von „Vertrauen" konkret greifbar ist, ist fraglich. Jedenfalls wollen wir die so angesprochene Fragestellung hier — da sich unsere Studie primär mit

---

[219] Vgl. oben S. 34.

[220] Zur Verifikation allgemein *Jost Delbrück*, Die Überwachung von Abrüstungs- und Rüstungsbeschränkungsmaßnahmen (Verifikation), in: *ders.* (Anm. 2), 1327—1340, m.w.N.

[221] Vgl. zu diesem Zusammenhang von Verifikation und VBM *Vetschera* (Anm. 114), 162 f.

[222] Vgl. noch einmal oben, S. 19, sowie ausführlicher *Schütz* (Anm. 2), 1298.

[223] So *Vetschera* (Anm. 22), 25.

[224] Vgl. dazu noch einmal oben S. 20.

einem nach objektiven Kriterien bestimmbaren „Vertrauen" beschäftigt — nicht weiter vertiefen.

Umgekehrt wurde auch die Auffassung vertreten — und damit kommen wir zum dritten möglichen Berührungspunkt zwischen Verifikation und VBM —, daß die Vereinbarung und Durchführung von VBM ihrerseits Prozesse der Verifikation fördern könnten. So äußert die VN-Expertenstudie die Auffassung, daß „Confidence-building measures may serve the additional objectives of facilitating verification of arms control and disarmament agreements".[225] Was damit konkret gemeint ist, wird zwar nicht ganz klar. Möglicherweise will die Studie damit aber ausdrücken, daß VBM die allgemeine Stimmung zwischen Staaten — wiederum i. S. einer „Klimaverbesserung" — so verbessern können, daß diese Staaten sich aufgrund dessen dann in der Folge auch zu Verifikationsvereinbarungen — zu denen sie vor jener „Klimaverbesserung" vielleicht nicht bereit gewesen waren — zusammenfinden könnten. Auch hier würde wieder der „subjektive" Vertrauensbegriff zugrundeliegen; aus diesem Grund soll auch hier — wie im vorhergehenden Absatz — eine eingehendere Erörterung der angeschnittenen Problematik unterbleiben.

Schließlich aber stellt sich die Frage — und damit ist u. E. der für die vorliegende Fragestellung wichtigste Berührungspunkt zwischen den Konzepten der Verifikation und dem der VBM angesprochen —, inwieweit nicht VBM-Vereinbarungen (bzw. auch V(S)BM-Vereinbarungen) selbst ggfs. einem Verifikationsverfahren zu unterziehen wären. Auch die VN-Expertenstudie über VBM spricht in gewisser Weise diesen Gedanken an.[226]

Hierbei dürfte allerdings zu differenzieren sein: So ist hinsichtlich bestimmter transparenzfördernder VBM eine derartige Verifikationsvereinbarung wohl nicht so wesentlich wie für andere. Im Fall beispielsweise, daß ein Partner einer Vereinbarung über VBM eine transparenzfördernde VBM wie die Verpflichtung des Austausches von Militärdelegationen nicht einhalten würde, würde diese Verletzung der VBM-Vereinbarung *uno actu* mit der Verletzung selbst, ohne daß es dazu noch eines zusätzlichen Verifikationsmechanismus bedürfte, evident werden. Derartige transparenzfördernde VBM haben insofern also den Verifikationseffekt quasi „eingebaut" und machen Verifikation überflüssig. Ähnliches wird man wohl auch z. B. hinsichtlich der VBM „Ankündigung militärischer Bewegungen und/oder Manöver" sagen können (unterstellt allerdings, daß es den Staaten jeweils möglich ist, derartige, in anderen Staaten stattfindende Bewegungen etc. mit eigenen einzelstaatlichen Mitteln

[225] Study (Anm. 10), § 31.
[226] Study (Anm. 10), §§ 115, 161.

festzustellen). Man könnte den Sinn einer Verifikationsvereinbarung in einem solchen Fall allenfalls darin sehen, daß ein Staat dann, wenn ein entsprechendes Verifikationsverfahren vereinbart worden ist, die etwaige Verletzung der betreffenden Informationsverpflichtung auch auf förmliche Art und Weise feststellen könnte, was wiederum entweder Voraussetzung für die Einklagbarkeit jener VBM bzw. Voraussetzung für eine Sanktion, die jenes vereinbarungswidrige Verhalten des anderen Staates bestrafen soll, sein könnte, oder was dem ersteren Staat zumindest die Möglichkeit eröffnen würde, jenes vereinbarungswidrige Verhalten in einer für die Öffentlichkeit besonders eindringlichen Art und Weise bloßzustellen. Verifikation würde hier sozusagen Beweiszwecken dienen.

Bei anderen transparenzfördernden VBM (i.e.S.) wiederum kann zwar eine Verifikationsbestimmung, aufgrund derer festgestellt werden könnte, *ob* ein Staat die betreffende VBM-Vereinbarung implementiert, ebenfalls überflüssig sein, Verifikation für die Feststellung, *wie* dieser Staat seine Informationspflichten und ob er sie richtig erfüllt, aber vonnöten sein. So würde etwa im Falle einer Vereinbarung über die wechselseitige Offenlegung von Militärbudgets oder von zukünftigen Rüstungsprogrammen ein Verifikationsverfahren zur Feststellung dessen, ob ein Vereinbarungspartner überhaupt Informationen über sein Militärbudget oder seine Rüstungsprogramme liefert, nicht erforderlich sein: Mit dem Eintreffen oder Nicht-Eintreffen der betreffenden Information würde gleichzeitig und ohne weiteres auch die Erfüllung bzw. Nicht-Erfüllung jener Vereinbarung erkennbar werden. Wichtig — und nur über eigene Verifikationsverfahren vollziehbar — dagegen wäre in unserem Beispielsfall die Feststellung, ob diejenigen Daten, die ein Staat im gegebenen Fall über sein Militärbudget, seine Rüstungsprogramme etc. herausgibt, auch in der Tat mit den Realitäten übereinstimmen. Die gleiche Aussage ließe sich, was das Grundsätzliche betrifft, auch hinsichtlich anderer transparenzfördernder VBM treffen; so etwa hinsichtlich der Offenlegung gewisser (z. B. defensiver) Streitkräftestrukturen oder der Information, daß zu einem bestimmten Zeitpunkt und in einem bestimmten Raum stattfindende Truppenbewegungen nur Manöverzwecken dienten. In diesem Zusammenhang wird man wohl auch die VBM „Manöverbeobachtung" zu sehen haben. So wird hier einerseits die Feststellung, ob ein Staat seiner Pflicht, Beobachter zu Manövern einzuladen, nachkommt, in der Regel sicherlich ohne weiteres zu verifizieren sein (das Problem, das sich hier allenfalls ergeben kann, ist, daß man möglicherweise nicht feststellen kann, ob überhaupt ein Manöver, zu dem Beobachter einzuladen gewesen wären, stattfindet; damit ist jedoch ein anderer Problemkreis angesprochen, nämlich der der eventuellen Ankündigung von Manövern und darauf bezogener Verifikationsmaßnahmen). Dagegen wird man andererseits zur Beantwortung der Frage, ob die von einem zur Manöverbeobachtung einladenden Staat an die eingeladenen Beobachter übermittelten Informationen über das betreffende Manöver in der Tat richtig sind, wohl eines eigenen Nachprüfverfahrens bedürfen.

Bei einer „Krisenkommunikations"-VBM vom Typ etwa der „Hot Line"-Abmachungen wiederum hätte eine Verifikationsbestimmung insofern einen gewissen Sinn, als dort bereits vor dem Zeitpunkt des eigentlichen Greifens der VBM, dem Zeitpunkt der Benutzung der „Hot Line" zum Zwecke der Informationsvermittlung, gewisse Verpflichtungen (z. B. das Instandhalten der Kommunikationseinrichtungen) zu erfüllen — und zu verifizieren — wären.

In der Tat unabdingbar ist eine Verifikationsvereinbarung schließlich bei Vereinbarungen über operationell-restriktive V(S)BM. Hier gibt es sehr wohl etwas zu verifizieren. So wird es in aller Regel für die betroffenen Staaten unerläßlich sein zu wissen, ob die anderen Staaten sich an die Verpflichtung halten, (Puffer-)Zonen mit verdünnter „militärischer Population" zu gewährleisten, bestimmte Waffensysteme nicht in Grenznähe zu stationieren, usw.

Fazit: Bei der Vereinbarung von VBM/V(S)BM ist auf die Vereinbarung entsprechender Verifikationsverfahren zu dringen, soll der Zweck jener VBM/V(S)BM — die Schaffung und/oder Erhöhung allseitiger Sicherheit — gewahrt bleiben. Dies trifft auf operationell-restriktive V(S)BM ohne jede Einschränkung zu. Bei bestimmten transparenzfördernden VBM ist u. U. die Verifikation dessen, ob ein Vereinbarungspartner seine Informationspflichten gemäß jener VBM überhaupt erfüllt oder nicht, nicht erforderlich; erforderlich wird sie aber in allen jenen Fällen sein, in denen es auch darauf ankommt, festzustellen, *wie* ein Staat seine diesbezüglichen Pflichten erfüllt. Darüber hinaus ist Verifikation in jedem Fall als Beweishilfe wichtig.

Wie schon bei der Vereinbarung von VBM/V(S)BM als solchen empfiehlt sich aber auch hier, bei der Vereinbarung der Verifikation von VBM/V(S)BM, eine möglichst präzise Festlegung der Verifikationsmaßnahme im einzelnen (also etwa des Umfangs der Maßnahme, des sachlichen, örtlichen, zeitlichen Geltungsbereiches, der Details des eigentlichen Kontrollverfahrens, usw.) zu treffen, um so von vorneherein Streitigkeiten bei der und über die Verwirklichung der Verifikation zwischen den Beteiligten zu vermeiden. Was wohl ganz besonders wichtig ist — wichtiger vielleicht als bei der Vereinbarung der VBM/V(S)BM selbst —, ist, die Verifikation besonders verpflichtend zu machen, sie mit einem besonders hohen Verpflichtungsgrad, am besten mit einem rechtlichen, zu begaben. Dabei ist durchaus die Situation vorstellbar, daß die betreffende VBM/V(S)BM selbst nicht, die diesbezügliche Verifikationsbestimmung aber wohl rechtsverbindlich vereinbart worden ist.

Im übrigen sind hier — bei der Verifikation — die gleichen Völkerrechtsprinzipien als Rahmendaten einschlägig, die oben als Schranken der Vereinbarung und Durchführung der VBM/V(S)BM selbst genannt wurden, also Gleichheitsgrundsatz sowie — ganz besonders — Nichteinmischungsgrundsatz und Treu und Glauben-Prinzip.[227]

[227] Vgl. dazu auch *Delbrück* (Anm. 220), 1337 f., sowie oben S. 98 ff.

VIII. Zur Übertragung völkerrechtlicher Regeln für militärische VBM/V(S)BM auf nicht-militärische VBM

In den vorhergegangenen Abschnitten dieser Studie haben wir uns auf die Erörterung der rechtlichen Aspekte militärischer VBM/V(S)BM beschränkt; nicht-militärische VBM hatten wir aus unseren Überlegungen ausgeschlossen. Wir waren der Auffassung gewesen, daß diese beiden Bereiche internationaler Beziehungen jeweils solche Eigentümlichkeiten aufweisen, daß sich eine Trennung dieser beiden Bereiche und eine grundsätzliche Aussonderung der nicht-militärischen VBM aus dem Fokus unserer Studie empfiehlt.

Ein Corpus völkerrechtlicher Normen, welches sich ggfs. etwa in der Art, wie es in den vorstehenden Abschnitten dieser Studie beschrieben worden ist, entwickeln würde, würde zunächst sicherlich nur Geltung für den eigentlichen VBM/V(S)BM-Kontext beanspruchen können. Darüber hinaus wird zur gegebenen Zeit aber auch zu prüfen sein, ob und inwieweit sich einzelne oder alle jener Normen nicht auch auf den Bereich der militärischen Beziehungen allgemein (z. B. auf den Bereich der substantiellen Rüstungsbeschränkung) übertragen lassen, sich daraus so etwas wie ein „Völkerrecht der Rüstungskontrolle" o. ä. entwickeln könnte.[228] Es fragt sich aber, ob sich dieser Faden nicht noch weiterspinnen ließe, und zwar derart, daß man prüfen würde, inwieweit sich nicht bestimmte in einem militärischen VBM-Kontext entwickelte völkerrechtliche Regeln auch auf den Bereich der „nicht-militärischen VBM" übertragen ließen, zumindest aber aus dem Bereich militärischer VBM/V(S)BM-

---

[228] Dabei würde dieses Recht (bzw. das spezifische „VBM/V(S)BM-Recht") von vorneherein globalen Anspruch erheben. Zwar war das VBM-Konzept zunächst nur für den europäischen (KSZE-)Kontext entwickelt worden. In der Folge aber ist das VBM-Konzept auf globaler Ebene eingeführt worden; darüber hinaus handelt es sich bei den hier einschlägigen Normen um solche Normen, welche von vorneherein globalen Geltungsanspruch — besonders sinnfällig etwa durch die VN-Charta — haben. Insofern wäre also der globale Geltungsanspruch etwaigen VBM-, V(S)BM-, Rüstungskontroll-Rechts hinreichend begründet. Allerdings ist gut vorstellbar, daß jenes Recht im eventuellen Fall seiner regionalen Anwendung die eine oder andere Modifikation erfahren würde (müssen) — man denke nur daran, daß z. B. das Prinzip der Gleichheit und Selbstbestimmung der Völker etwa in einem Dritte Welt-Kontext wahrscheinlich eine ganz andere Bewertung erfahren würde als dies in Europa möglicherweise der Fall wäre. Auf der anderen Seite würden in einem europäischen Kontext — aufgrund der hier gegebenen spezifischen militärischen und sicherheitspolitischen Probleme — möglicherweise andere Nuancierungen des VBM(etc.)-Rechts zu entwickeln sein als vielleicht in einem anderen regionalen Kontext oder auf globaler Ebene.

Völkerrechtsregeln Denkanstöße für die Gestaltung des nicht-militärischen Bereichs der internationalen Beziehungen entnommen werden können.

Es ist hier nicht der Ort, diese Fragestellungen einer vertieften Erörterung zuzuführen. Es muß vielmehr bei einigen Andeutungen bleiben. Schnell wird nach einem Blick auf das Feld der nicht-militärischen internationalen Beziehungen jedenfalls deutlich, daß es auch in diesem Bereich Problemlagen gibt, in denen Informationsaustausch, wie er etwa sonst aufgrund militärischer transparenzfördernder VBM erfolgt, durchaus von Vorteil sein kann, so z. B. um die wirtschaftlichen Beziehungen zwischen Staaten offener zu gestalten und auf diese Weise ggfs. die (wirtschaftliche) Sicherheit der betroffenen Staaten zu erhöhen. In diesem Sinne könnte die Information, die ein Staat anderen Staaten beispielsweise über währungspolitische Probleme, mit denen er zu kämpfen hat, gibt, diesen anderen Staaten durchaus hilfreich sein, indem sie es ihnen ermöglicht, eventuell bestimmte Gegenmaßnahmen zu ergreifen, die einerseits ihre eigenen Währungen vor Schaden schützen, bzw. die andererseits ggfs. sogar bewirken, daß auch die währungspolitische Situation des ersteren Staates wieder in Ordnung kommt. Andere Beispiele für derartige „transparenzfördernde VBM im nicht-militärischen Bereich" wären etwa Informationen über industrielle Produktionsprogramme, die es anderen Staaten ermöglichen würden, ihrerseits bestimmte wirtschaftliche Planungen in die Wege zu leiten, bzw. die es — generell gesprochen — ermöglichen würden, daß die Wirtschaftsbeziehungen zwischen den betreffenden Staaten insgesamt auf eine besser vorausseh- und kalkulierbare und damit stabilere („sicherere") Basis gehoben würden. Derartige Szenarios lassen sich auch in bezug auf *restriktive* Maßnahmen nicht-militärischer (wirtschaftlicher, „politischer" etc.) Natur, also für nicht-militärische restriktive „V(S)BM" bilden.[229]

Sofort springen auch eine Reihe von im Rahmen des militärischen VBM-Konzepts einschlägigen bzw. entwickelten Völkerrechtsnormen ins Auge, die — zumindest ansatzweise — auch in einem Kontext „nicht-militärischer VBM" eine Rolle spielen können. Zwar wird in der Tat gerade das völkerrechtliche Gewaltverbot in einem nicht-militärischen Zusammenhang nicht zum Zuge kommen können.[230] An seine Stelle als wichtige Bezugsnorm für ein Konzept nicht-militärischer VBM kann aber das

[229] Vgl. zu dem Gesamten ausführlicher *Erwin Müller*, Non-Military Confidence-Building Measures, in: *Wolf Graf von Baudissin* (Hrsg.), From Distrust to Confidence. Concepts and Dimensions of Confidence-Building Measures, Volume II, Baden-Baden 1983, 113—120.

[230] Zum Geltungsbereich des völkerrechtlichen Gewaltverbots, insbesondere im Hinblick auf seine Beschränkung auf Formen physischer (militärischer, bewaffneter) Gewalt, vgl. noch einmal die in Anm. 104 und 105 genannte Literatur.

Interventionsverbot gesetzt werden.[231] Andere Normen, die bei der etwaigen Vereinbarung und Durchführung nicht-militärischer VBM/V(S)BM eine mindestens ebenso wichtige Funktion einnehmen wie bei der Vereinbarung und Durchführung militärischer VBM/V(S)BM, sind ferner sicherlich der Gleichheitssatz, das Prinzip der Zusammenarbeit zwischen den Staaten oder das Treu und Glauben-Gebot. Es könnte auch versucht werden, ein Prinzip der internationalen Sicherheit auch für den nichtmilitärischen Bereich der internationalen Beziehungen zu entwickeln[232] oder einem „Prinzip der Offenheit" auch für diesen Bereich zur Geltung zu verhelfen.[233]

Es zeigt sich also, daß eine Reihe von Ansatzpunkten für das Fruchtbarmachen des militärischen VBM-Konzepts, bzw. des für diesen Kontext entwickelten Völkerrechts für den Bereich der nicht-militärischen internationalen Beziehungen existiert. Hier eröffnet sich also — etwa für ein im VN-Rahmen, analog zu der VN-Expertengruppe über militärische VBM, ins Leben gerufenes Gremium — ein weites Untersuchungsfeld.

[231] Insofern greift also *Bomsdorf* (Anm. 40), 396, zu kurz, wenn er behauptet, daß deswegen, weil es im wirtschaftlichen Bereich der internationalen Beziehungen keinen dem Gewaltverbot entsprechenden Rechtssatz gebe, mittels wirtschaftlicher VBM keinen „bestehenden Rechtssätzen zu ihrer Umsetzung in die Wirklichkeit zu verhelfen" sei, wie dies durch militärische VBM in bezug auf das Gewaltverbot geschehe. Er hat insofern einfach die Möglichkeiten übersehen, die diesbezüglich das völkerrechtliche Interventionsverbot bietet, welches geradewegs dazu geschaffen worden ist, nicht-militärische Formen der „Gewalt"anwendung einzuschränken.

[232] Vgl. dazu etwa *Knut Ipsen*, Entwicklung zur „collective economic security" im Rahmen der Vereinten Nationen?, in: *Kewenig* (Anm. 110), 11—33; ferner *Krell* (Anm. 112), 43 ff.

[233] Vgl. dazu noch einmal oben die Nachweise der verschiedenen Ansätze eines solchen Prinzips der Offenheit in zahlreichen nicht-militärischen Bereichen der internationalen Beziehungen, S. 73 ff.

IX. Überlegungen zu einem VBM-Verhaltenskodex und zu VBM-Richtlinien

Bereits die VN-Expertenstudie über VBM hatte zur weiteren „Verrechtlichung" des VBM-Konzepts den Abschluß einer „international convention codifying a number of basic and universally applicable obligations for the implementation of confidence-building measures" angeregt.[234] In der Folge hat, auf der 2. Sondergeneralversammlung über Abrüstung, die Bundesrepublik Deutschland diesen Faden aufgegriffen und ihrerseits angeregt, „the General Assembly should consider the elaboration of a code of conduct of general validity for confidence-building measures by a suitable United Nations body. Such a code could contain guidelines which, by giving substance to specific provisions of the United Nations Charter, especially the renunciation of force, could relate *inter alia* to the following:

— Observation of manoeuvres;
— The carrying out of manoeuvres and other military movements;
— Notification of arms projects;
— Making defence budgets public and comparable;
— Border incidents;
— Incidents on the high seas and in the air;
— The convening of regional conferences on confidence-building and disarmament, along the lines of the envisaged Conference on Disarmament in Europe (CDE)".[235]

In ihrer Resolution 37/100 D schließlich fordert die Generalversammlung der VN die United Nations Disarmament Commission (UNDC) auf, „to consider the elaboration of guidelines for appropriate types of Confidence-Building Measures and for the implementation of such measures on global or regional level".

Die Absicht, die hinter diesen Initiativen steht, ist offensichtlich die, durch die Entwicklung und Inkraftsetzung bestimmter rechtlicher, jedenfalls aber normativer Leitdaten das VBM-Konzept, bzw. die jeweils aktuelle Vereinbarung und Durchführung von VBM auf internationaler Ebene in einen festeren Rahmen zu stellen, den Staaten für die Verein-

[234] Study (Anm. 10), § 114.
[235] Fundstelle Anm. 12.

barung und Durchführung von VBM weitere, und zwar rechtliche/normative Parameter zur Verfügung zu stellen, an denen sie sich bei der konkreten Gestaltung ihrer VBM-Praxis orientieren können (und wohl auch zu orientieren hätten). Durch diesen Einbezug zusätzlicher Parameter würde gleichzeitig auch das VBM-Konzept als solches weiter angereichert bzw. konkretisiert. Dabei scheint man zwei verschiedene Wege — die letztlich aber nicht wechselseitig ausschließlich sind — einschlagen zu wollen: Einmal wird an die Erstellung eines Kanons allgemeiner (Rechts-)Prinzipien und -Normen gedacht, an einen allgemeinen Verhaltenskodex oder „code of conduct" bzw. sogar an eine entsprechende Konvention, deren Vorschriften den Staaten allgemeine und grundsätzliche Hinweise für die Gestaltung ihrer VBM-Praxis geben sollen. Darüber hinaus aber hat man auch die Erarbeitung von „Richtlinien" (guidelines) im Auge, die — sozusagen eine Abstraktions-, bzw. Konkretisierungsebene tiefer — für bestimmte einzelne VBM, bzw. Klassen von VBM rechtliche/normative Parameter aufstellen sollen, die die Staaten bei der etwaigen Vereinbarung und Durchführung derartiger VBM zu berücksichtigen hätten und die diese VBM näher konkretisieren sollen. Hierbei wird auch eine Kombination der beiden Instrumente „allgemeiner Verhaltenskodex" und „konkrete Richtlinien" anvisiert, etwa in der Art, wie es der o. a. Vorschlag der Bundesrepublik Deutschland vorsieht, nämlich, daß die Richtlinien in den allgemeinen Verhaltenskodex integriert würden.[236]

1. Zum Inhalt eines VBM-Verhaltenskodex

Welchen Inhalt könnte nun ein allgemeiner Verhaltenskodex für die Vereinbarung und Durchführung von VBM, insbesondere aus der Sicht des Völkerrechtlers, haben? Der Inhalt eines allgemeinen VBM-Verhaltenskodex wird sich in gewisser Weise danach bestimmen, welchen Zweck der Kodex erfüllen soll. Im Vorhergehenden war als der offensichtliche Zweck des vorgeschlagenen allgemeinen Kodex die Erstellung eines Kanons allgemeiner völkerrechtlicher Grundsätze, die den Staaten bei ihrer VBM-Praxis allgemeine Leitdaten abgeben sollen, ausgemacht worden. Ein Teil des Verhaltenskodex wird also aus derartigen allgemeinen Völkerrechtsprinzipien bestehen müssen. Dazu sollte noch ein Weiteres kommen: Mit dem VBM-Verhaltenskodex, bzw. mit der „Verrechtlichung" des VBM-Konzepts überhaupt, wird völkerrechtliches Neuland betreten. Aus diesem Grunde könnte man sich vorstellen, auch

---

[236] Ein Beispiel für eine derartige Technik aus einem anderen Bereich wäre etwa der „Code of Conduct on the Transfer of Technology" (UN Doc. TD/CODE/TOT/14 vom 28. 3. 1979), der einerseits die für den Technologietransfer einschlägigen völkerrechtlichen Prinzipien anführt und der andererseits aber auch eine Reihe sehr konkreter Handlungsanweisungen für die unmittelbare Gestaltung verschiedener Prozesse im Rahmen von Technologietransfer enthält.

noch einige Grundsätze zur Frage der Verrechtlichung von VBM überhaupt in den Prinzipienkatalog des Kodex aufzunehmen.

Demgemäß schlagen wir die Aufnahme folgender vier Gruppen von Grundsätzen und Normen in einen allgemeinen Verhaltenskodex für die Vereinbarung und Durchführung von VBM[237] vor: 1. Grundsätze und Normen, die sich zur Verrechtlichung, insbesondere zur völkerrechtlich verbindlichen Vereinbarung von VBM äußern; 2. Grundsätze, die sich zur legitimatorischen Anbindung des VBM-Konzepts im geltenden Völkerrecht äußern, bzw. dazu, inwieweit die Praktizierung von VBM ihrerseits zur Weiterentwicklung und Stärkung des Völkerrechts beiträgt; 3. Grundsätze und Normen, die Aussagen zu den völkerrechtlichen Schranken der Vereinbarung und Durchführung von VBM treffen; 4. Grundsätze und Normen zur Verifikation von VBM-Vereinbarungen.

a) Grundsätzliche Aussagen zur Verrechtlichung von VBM

aa) Als erstes könnte die scheinbar simple, nichtsdestotrotz aber wichtige „Wahrheit" in den Kodex aufgenommen werden, daß Staaten, wenn sie das wollen, VBM auf rechtlich verbindliche Weise vereinbaren können („States may agree on Confidence-Building Measures with the intention of creating legally binding obligations between them"). Entsprechende Hinweise finden sich auch schon in der VN-Expertenstudie.[238]

Ergänzen könnte man jene Aussage durch einen Hinweis auf die möglichen Vorteile solcher Vorgangsweise. So könnte zum einen etwa hervorgehoben werden, daß durch eine derartige Verrechtlichung von VBM das Maß der Stabilität der Beziehungen zwischen den betreffenden Staaten, das Maß an „Rechtssicherheit", noch mehr erhöht würde, als wenn keine Verrechtlichung stattfinden würde. Ein weiterer wichtiger Hinweis wäre zum anderen, daß durch eine solche Verrechtlichung von VBM auch deren Legitimität (und Legalität) beträchtlich gesteigert würde.

Als weiterer möglicher Vorteil der Verrechtlichung war oben der der Möglichkeit des Ergreifens völkerrechtlicher Repressalien, also der der Sanktionsmöglichkeit bei Verletzung rechtlich verbindlich vereinbarter VBM vorgestellt worden. Ob ein Hinweis auf diesen — theoretischen —

---

[237] Wir setzen uns hier im wesentlichen nur mit einem Verhaltenskodex für (transparenzfördernde) VBM (transparenzfördernde VBM i.e.S. und Krisenkommunikations-VBM) auseinander. Dies rechtfertigt sich daraus, daß einerseits die VN-Expertenstudie zweifellos ihren Schwerpunkt bei diesen Maßnahmen setzt, und daß andererseits auch im Zuge der Verhaltenskodex- und Richtlinien-Initiativen — soweit ersichtlich — im wesentlichen nur solche VBM im Gespräch sind (vgl. etwa die bundesdeutsche Initiative, die in ihrer vorläufigen Liste der ggfs. durch Richtlinien zu konkretisierenden VBM nur solche VBM anführt, nämlich vier transparenzfördernde VBM i.e.S. und zwei Krisenkommunikations-VBM).

[238] Study (Anm. 10), § 93.

Vorteil im Verhaltenskodex sinnvoll ist, ist allerdings fraglich. Zum einen wurde ja gezeigt, daß in der Praxis diese Möglichkeit der Sanktionierung ohnehin eine nicht so große Rolle spielt, da Staaten von dieser Möglichkeit ohnehin oft nicht Gebrauch machen wollen, bzw. — aufgrund widriger „Kräfteverhältnisse" — auch gar nicht Gebrauch machen können. Zum anderen würde ein so offenes Ansprechen dieser Möglichkeit im Verhaltenskodex die Staaten, denen so ganz deutlich bewußt gemacht würde, was auf sie zukommen kann, wenn sie sich auf eine Verrechtlichung von VBM einlassen, möglicherweise nur verprellen.

Erwogen werden könnte dagegen, ob man an dieser Stelle des Kodex eventuell den Hinweis anbringt, daß es für eine Verrechtlichung von VBM/V(S)BM u. U. zu früh sein kann.[239]

bb) Als nächstes könnte als Grundsatz erwähnt werden, daß die Staaten auch mittels einseitiger Akte rechtliche Verpflichtungen bzgl. VBM eingehen können („States may also establish obligations of international law by unilateral measures"). Wichtig dabei wäre nur, daß man hier auf mögliche Estoppelwirkungen hinweist bzw. darauf, daß Staaten, wenn sie derartige Estoppelwirkungen aufgrund einseitiger Akte vermeiden möchten, Entsprechendes kundtun müssen.[240] Um die betreffende Problematik klar anschaulich zu machen, sollte dann jener oben formulierte Grundsatz noch eine Ergänzung etwa um die Floskel „if and when they declare themselves to be bound by such measure" finden. Im übrigen findet sich eine derartige kombinierte Aussage auch in der VN-Expertenstudie.[241]

cc) Als nächstes könnte ausführlicher auf die Möglichkeiten der Staaten, auf nicht-rechtliche Weise verbindliche VBM-Vereinbarungen einzugehen, eingegangen werden. Hierzu könnte vollinhaltlich eine diesbezügliche Passage der VN-Expertenstudie übernommen werden, die diesen Grundsatz gut ausdrückt: „States may agree on Confidence-Building Measures of a less obligatory character. In the absence of the will to create legally binding treaty commitments such Confidence-Building Measures may represent politically binding commitments or recommendations as to desirable conduct."[242] Man könnte hierbei allenfalls die etwas unglückliche Formulierung von den „politisch" verbindlichen Verpflichtungen[243] durch eine andere (z. B.: „may represent binding obligations of a non-legal character") ersetzen.

[239] Siehe dazu noch einmal oben S. 37.

[240] Siehe dazu ausführlicher oben S. 48 f.

[241] Study (Anm. 10), § 95: „Unilateral measures, too, can establish obligations of international law for the State, which declares itself to be bound."

[242] Study (Anm. 10), § 94.

[243] Vgl. die Kritik oben Anm. 71.

dd) In diesem Zusammenhang wäre dann aber unbedingt der Hinweis notwendig, daß derartige nicht-rechtlich verbindliche Vereinbarungen durchaus auch rechtliche Implikationen, insbesondere eine wichtige Rolle in einem nachfolgenden Rechtsschöpfungsprozeß haben können. Auch hier könnte auf insoweit äußerst klare und aussagekräftige Formulierungen der VN-Expertenstudie zurückgegriffen werden. Dort heißt es: „The continuous and regular application of politically (!) binding measures may create a practice which in the long run establishes the conviction of the participating States that only a behaviour corresponding to this practice can be regarded as lawful."[244] Und weiter: „As a result, the consistent and uniform implementation of a politically (!) binding Confidence-Building Measure over a substantial period of time may lead to the development of an obligation under customary international law."[245] Und schließlich: „In this way, the process of confidence-building may gradually contribute to the formation of new norms of international law."[246]

In diesem Zusammenhang soll noch auf die weiter oben erörterten Möglichkeiten hingewiesen werden, eine derartige Vereinbarungspraxis geradezu als Instrument der *bewußten* Rechtsschöpfung einzusetzen[247], bzw. auf die Möglichkeit, hierbei jeweils auch ein gewisses „Mix" rechtlich verbindlicher und rechtlich unverbindlicher Instrumente herzustellen.[248]

ee) Einer der wichtigsten Grundsätze in unserem Zusammenhang ist wohl der, daß sowohl Vertrauensbildung wie auch die entsprechende Entwicklung darauf bezogenen Völkerrechts nur auf der Grundlage *konkreter* Maßnahmen erfolgen kann. Eine diesbezügliche Prinzipienaussage (etwa: „It is of essential importance that States, by agreeing on Confidence-Building Measures, agree on concrete measures of confidence-building") müßte auf jeden Fall in unseren Prinzipienkatalog. Man könnte jene Aussage auch noch mit der in der VN-Expertenstudie vorfindlichen Erkenntnis anreichern, „that neither declarations of intent [oder: without real content] nor a mere repetition of generally recognized principles ... do satisfy the exigencies [of building confidence and enhancing security among States] ...".[249]

ff) Ebenfalls unverzichtbar ist in unserem Zusammenhang wohl der Hinweis darauf, daß es für eine allseitig befriedigende VBM-Praxis essentiell ist, daß die Staaten bei der Abfassung ihrer VBM-Vereinbarun-

---

[244] Study (Anm. 10), § 98.
[245] Ibid.
[246] Ibid.
[247] Oben S. 41.
[248] Oben S. 42.
[249] So in etwa Study (Anm. 10), § 39.

gen möglichst genau bestimmen, wie die jeweiligen VBM beschaffen sein sollen, wie sie durchzuführen sein sollen, wozu jeder Vereinbarungspartner im einzelnen konkret verpflichtet, bzw. berechtigt ist, usw. („In order to avoid disputes as to the correct implementation of agreements on Confidence-Building Measures it is of utmost importance that States determine exactly content and scope of the agreement they conclude ...").[250]

b) Grundsätzliche Aussagen zur Verifikation von VBM

Die Staatengesellschaft mißt der Verifikation, auch von VBM-Vereinbarungen, einen hohen Stellenwert bei.[251] Daher sollten grundsätzliche Aussagen zur Verifikation von VBM-Vereinbarungen in einem VBM-Verhaltenskodex nicht fehlen. Als zentrale diesbezügliche Aussage könnte die These ins Auge gefaßt werden, daß Verifikation das Wissen über sicherheitsrelevante Angelegenheiten vergrößert und damit auch die Sicherheit der betreffenden Staaten erhöht. Betont werden sollte aber unbedingt, daß es auch — und gerade — bei einer Vereinbarung über Verifikation darauf ankommt, Inhalt und Umfang der betreffenden Verpflichtungen bzw. Berechtigungen möglichst genau festzulegen, um so Streit über die „richtige" Durchführung einer Verifikationsvereinbarung von vorneherein möglichst auszuschließen. Daran anzuschließen wäre der Grundsatz, daß sich die Staaten selbstverständlich auch bei der Durchführung von Verifikationsvereinbarungen an die allgemeinen Normen des Völkerrechts, insbesondere an den Grundsatz der Erfüllung völkerrechtlicher Pflichten und Rechte gemäß Treu und Glauben, zu halten haben.[252]

Schließlich könnte daran gedacht werden, beispielshalber einige Verfahrensarten, derer sich Staaten bei der Verifikation von VBM-Vereinbarungen bedienen könnten (etwa Vorortinspektionen, Aktenkontrolle, Konsultationskommissionen etc.)[253], anzuführen.

c) *Grundsätze zur normativen Begründung des VBM-Konzepts im geltenden Völkerrecht, bzw. zur Konkretisierung des geltenden Völkerrechts durch VBM-Praxis*

Der nächste größere Block von Prinzipien könnte grundsätzliche Aussagen einerseits zur normativen Begründung von VBM bzw. des VBM-

---

250 Vgl. dazu Study (Anm. 10), § 42, sowie oben S. 35.

251 Vgl. etwa Study (Anm. 10), §§ 115; 128, lit. i.

252 Vgl. dazu noch einmal oben S. 111 und 98 ff.

253 Vgl. dazu ausführlicher Compendium of Arms Control Verification Proposals, 2. Aufl. Ottawa 1982 (Dept. of National Defence, Operational Research and Analysis Establishment, ORAE Report No. 81); ferner *Delbrück* (Anm. 220), 1332 ff.; *Georg Bluhm*, Die Überwachung der Abrüstungsmaßnahmen, in: Abschreckung und Entspannung (Anm. 100), 509—531 (519 ff.).

Konzepts im geltenden Völkerrecht bzw. andererseits zu den Möglichkeiten der Konkretisierung einzelner allgemeiner Völkerrechtsnormen durch einschlägige VBM-Praxis bringen.

aa) Als erstes Prinzip könnte in diesem Zusammenhang formuliert werden, daß das VBM-Konzept seine völkerrechtliche Legitimation in der „Grundnorm" des geltenden Völkerrechts, nämlich dem Gebot, den Weltfrieden und die internationale Sicherheit zu wahren, findet und eine Konkretisierung jener Grundnorm darstellt („The notion of Confidence-Building Measures finds its legal base in the obligation under general international law, enshrined in the United Nations Charter, the Declaration on Principles of International Law concerning Friendly Relations and Co-operation among States in accordance with the Charter of the United Nations,..., and other relevant instruments, to maintain and to strengthen international peace and security, thereby strengthening the prohibition of the use of force...").

Hierzu ist zweierlei anzumerken: Erstens wäre die obige Grundsatzaussage eigentlich — völkerrechtlich korrekt — am Völkerrechtsprinzip der internationalen Sicherheit anzubinden. Da dieses Prinzip in der Lehre als eigenständiges Völkerrechtsprinzip jedoch nicht so anerkannt ist, daß es eine zweifelsfreie und tragfähige Basis für eine eventuelle Anknüpfung wie die eben beschriebene bietet, muß eine Formulierung gefunden werden, die einerseits sowohl dem Prinzip der internationalen Sicherheit zur Geltung verhilft, die es andererseits aber auch so absichert, daß Zweifel ob seiner Gültigkeit nicht entstehen können. Diese Formulierung wurde in der international gängigen, etwa auch in der SVN (Präambel und Art. 1, Abs. 1) enthaltenen Formel von „international peace and security" gefunden. Damit wurde gleichzeitig auch das Friedensgebot des allgemeinen Völkerrechts, bzw. das allgemeine Gewaltverbot in den Fokus des obigen Prinzips einbezogen. Dies leitet über zur zweiten Bemerkung:

Wie oben dargelegt worden ist[254], kann das allgemeine völkerrechtliche Gewaltverbot nicht zur direkten völkerrechtlichen Begründung des VBM-Konzepts herangezogen werden. Dies ist allenfalls auf indirekte Art und Weise (über das Prinzip der internationalen Sicherheit) möglich. Daher hat jeder Bezug von VBM zum Gewaltverbot in einem völkerrechtlichen Dokument eigentlich immer auf indirekte Art und Weise zu erfolgen. Diesem Erfordernis trägt die oben vorgeschlagene Formulierung dadurch Rechnung, daß sie den Bezug zum Gewaltverbot („thereby strengthening the prohibition of the use of force") in Form eines Rela-

---

[254] Vgl. zu dem Gesamten noch einmal oben S. 52 ff.

tivsatzes, und zwar unmittelbar verbunden mit dem Prinzip der internationalen Sicherheit, herstellt.[255]

bb) Als nächstes wäre die Anbindung an das Prinzip der Zusammenarbeit zwischen den Staaten herzustellen („The notion of Confidence-Building Measures finds its legal base in the obligation under general international law... to co-operate with one another irrespective of the differences in their political, economic and social systems, in the various spheres of international relations, in order to maintain international peace and security...").[256]

cc) Zu überlegen wäre, ob man die beiden eben unter aa) und bb) genannten Prinzipien jeweils in einem eigenen Paragraph formuliert, oder ob man sie zusammen, unter einem gemeinsamen Dach abhandelt, sie zu einem einzigen Prinzip des Prinzipienkatalogs zusammenfaßt.

Fraglich ist ferner, ob es notwendig ist, jeweils nicht nur darauf hinzuweisen, daß das VBM-Konzept jeweils aus jenen allgemeinen Völkerrechtsnormen ableitbar ist, sondern auch festzuhalten, daß die betreffenden VBM umgekehrt jeweils jene Normen auch konkretisieren können („By agreeing on Confidence-Building Measures States translate these general principles of international law into concrete action", „give a more concrete meaning to them", usw.).

dd) An dieser Stelle ist auch die Frage anzusprechen, ob es nicht sinnvoll sein könnte, dem gesamten hier diskutierten Block von VBM-Prinzipien, bzw. dem Verhaltenskodex in seiner Gesamtheit, einen Absatz voranzustellen, in dem wichtige Völkerrechtsquellen (z. B. SVN, „Friendly Relations"-Deklaration, etc.) und/oder wichtige allgemeine Grundsätze des Völkerrechts (wie dies etwa in § 90 der VN-Expertenstudie geschehen ist) aufzulisten. Dafür spräche — unter verhandlungspolitischem Aspekt —, daß für ein solches Vorgehen sicherlich ein breiter Konsens unter den Staaten mobilisiert werden könnte, der dann möglicherweise auch noch für die Verabschiedung anderer, vielleicht diffizilerer Passagen des Kodex fruchtbar zu machen wäre. Gegen die Aufnahme von wie oben beschriebenen Katalogen spricht allerdings zum einen, daß einige der betreffenden allgemeinen Völkerrechtsprinzipien überhaupt nicht VBM-einschlägig und daher, bzw. auch aus gewissen völkerrechtsdogmatisch-systematischen Gründen in einem VBM-

---

[255] So jetzt auch das Schlußdokument der Madrider KSZE-Nachfolgekonferenz (Anm. 3), 816 (Ziff. 1). — Für den Fall, daß doch auch operationell-restriktive V(S)BM in den Fokus des VBM-Verhaltenskodex aufgenommen werden sollen, wäre an dieser Stelle Gelegenheit, auch dazu ein (oder mehrere) Prinzip(ien) zu formulieren (etwa: „By putting constraints on certain military activities Confidence(Security)-Building Measures help to strengthen the security of States and thereby enhancing the validity of the prohibition of the use or threat of use of force").

[256] Vgl. genauer dazu die „Friendly Relations"-Deklaration (Anm. 11).

Verhaltenskodex fehl am Platze sind; und zum anderen, daß einige jener Prinzipien gerade auch aus westlicher Sicht eine Reihe nicht zu unterschätzender Probleme aufwerfen.[257] In Abwägung des Für und Wider einer derartigen Auflistung allgemeiner Völkerrechtsprinzipien würden wir letztlich jedoch dafür plädieren, eine derartige Auflistung, zumindest wenn darin der Grundsatz der Selbstbestimmung der Völker sowie ein Bezug zu den Menschenrechten eingeschlossen sind, im Verhaltenskodex über VBM — sofern dies unter verhandlungspolitischen Gesichtspunkten überhaupt noch möglich ist — zu unterlassen.

ee) Dagegen sollte versucht werden, auf die eine oder andere Weise vorsichtig das oben näher erläuterte „Prinzip der Offenheit" in den VBM-Verhaltenskodex einzuführen. Zwar könnten hier gewisse Widerstände auftreten, insbesondere seitens der sozialistischen Staaten. Doch sollte hierzu Verschiedenes auseinandergehalten werden. Soweit ersichtlich, geht der Streit ja nicht um das Prinzip als solches, sondern um die nähere Ausgestaltung des Prinzips, um den „*degree* of openness".[258] Abgesehen davon aber, daß ein konkretes Maß an Offenheit (für alle zukünftigen Fälle?) in einem allgemeinen Verhaltenskodex ohnehin nicht ein für alle Mal festgelegt werden kann, sollten von westlicher Seite Streitpunkte bzgl. dieses Maßes von Offenheit zunächst zurückgestellt werden, um stattdessen zu erreichen, daß das Prinzip als solches erst einmal in den Verhaltenskodex Aufnahme findet. Damit wäre schon viel gewonnen. Einzelheiten könnten dann ja jeweils im Fall einer konkreten VBM-Vereinbarung festgelegt werden.

Jedenfalls sollte — und kann — der Westen bei einer etwaigen Verhandlung dieses Prinzips der Offenheit darauf hinweisen, daß Offenheit (oder „Transparenz") wichtige Mittel dafür seien, in den internationalen Beziehungen Stabilität herbeizuführen und damit die Sicherheit der betroffenen Staaten zu erhöhen (bzw. erst herzustellen), und daß sich die den VBM zugrundeliegende Forderung nach Offenheit insofern aus der völkerrechtlichen Verpflichtung der Staaten, die internationale Sicherheit, bzw.: „international peace and security", zu gewährleisten, ergebe.[259] Man könnte auch darauf verweisen, daß dieses Prinzip durch-

---

[257] Vgl. dazu, insbesondere zum Selbstbestimmungsrecht der Völker und den Menschenrechten, noch einmal oben S. 81 f. und 97 f.

[258] Vgl. Study (Anm. 10), § 129 (Hervorhebung nicht im Original).

[259] An dieser Stelle wird man darauf gestoßen, daß es möglicherweise ganz sinnvoll sein könnte, etwa in einer Präambel zum Verhaltenskodex noch einmal die Ziele anzuführen, zu deren Verwirklichung das sicherheitspolitische Konzept der VBM beitragen soll (also: Information — Transparenz — Voraussehbarkeit, Kalkulierbarkeit — Stabilität, insb. „Krisenstabilität" — Sicherheit — Friedenssicherung). Jedenfalls hat man es dann, wenn „Sicherheit" bereits gleich zu Beginn des Kodex, z. B. in dessen Präambel, als wichtigstes Ziel angeführt ist, wohl leichter, weiter unten im Kodex Prinzipien, die jenes Ziel verwirklichen helfen sollen, unterzubringen.

aus nicht nur eng im Hinblick auf die militärischen Beziehungen zu sehen ist, sondern daß es in anderen Bereichen des internationalen Zusammenlebens schon lange große Beachtung und umfangreiche Verwirklichung erfährt.[260]

Im Sinne der im Vorstehenden hergestellten Beziehung Offenheit — Sicherheit könnte das Prinzip der Offenheit in einem VBM-Verhaltenskodex etwa folgende Formulierung erfahren: „The notion of confidence-building [The concept of Confidence-Building Measures] underlies the assumption that, by agreeing on exchange of information on military matters and by introducing openness and transparency into [military and] security affairs, States contribute to stability in international relations and to the maintenance of international peace and security, thereby further strengthening the prohibition of use of force in international relations. Thus, openness and transparency give concrete meaning [and/ or content] to these general principles of international security and the prohibition of use of force in international relations [as well as the obligation of cooperation among States] ...". Dabei könnte das Prinzip ferner noch so präzisiert werden, daß es sowohl die Pflicht, aktiv Informationen zu geben, als auch die Pflicht, passiv das Sammeln von Information durch die anderen Partner einer VBM-Vereinbarung zuzulassen, einschließt.[261]

Was schließlich die Begriffswahl betrifft, also die Frage, ob man besser den Begriff der Offenheit oder den der Transparenz wählen sollte, falls man zu einer Vereinbarung über das „Offenheitsprinzip" kommen sollte, darf auf das verwiesen werden, was oben zu diesem Problem gesagt worden ist, nämlich, daß es nicht so sehr darauf ankomme, welchen Begriff man wählt, sondern daß es vielmehr wichtig sei, den im Ergebnis dann verwendeten Begriff genau zu definieren, um so zu verhindern, daß ihm von einzelnen Partnern einer Vereinbarung Bedeutungen gegeben werden, die den anderen Beteiligten nicht konvenieren.[262] Und warum sollte man auf westlicher Seite nicht den — von den sozialistischen Staaten offenbar favorisierten — Begriff der Offenheit verwenden, wenn man es damit den sozialistischen Staaten vielleicht leichter macht, sich auf eine derartige Prinzipienvereinbarung einzulassen — vorausgesetzt natürlich — wie schon gesagt — es gelingt, den Begriff dabei scharf und genau zu fassen?

ff) Versucht werden könnte auch, in einem VBM-Verhaltenskodex das VBM-Konzept als eine Konkretisierung des Prinzips der Guten Nachbarschaft darzustellen, um so einen Bezug zu einem weiteren völker-

---

[260] Siehe dazu noch einmal oben S. 73 ff.

[261] Zu möglichem Inhalt und Umfang eines solchen Prinzips der Offenheit vgl. noch einmal oben S. 77 ff.

[262] S. 79 f.

rechtlichen Prinzip herzustellen. So könnte etwa formuliert werden, daß VBM-Praxis zur Stärkung der praktischen Bedeutung des — noch mit wenig konkretem Inhalt gefüllten — Grundsatzes der Guten Nachbarschaft beitragen könne. Allerdings kann umgekehrt eine Ableitung des VBM-Konzepts aus jenem Prinzip, etwa in dem Sinne, daß sich aufgrund des Gute Nachbarschaftsgrundsatzes gewissermaßen die „Pflicht" zu VBM ergäbe, nicht vertreten werden.[263]

gg) Die oben herausgearbeitete spezifische Korrelation zwischen bestimmten Krisenkommunikations-VBM und dem völkerrechtlichen Grundsatz der friedlichen Streitbeilegung[264] läßt sich in einem allgemeinen, grundsätzlich für alle Arten von VBM Geltung beanspruchenden Verhaltenskodex wohl nicht fruchtbar machen. Dafür eher beim Entwurf von Richtlinien für bestimmte (Krisenkommunikations-)VBM; dazu unten gleich noch mehr.

d) Grundsätzliche Aussagen zu den völkerrechtlichen Schranken der Vereinbarung und Durchführung von VBM

Als letztes ist zu erörtern, welche Grundsätze in diejenige Gruppe von Prinzipien und Normen, die in einem VBM-Verhaltenskodex die völkerrechtlichen Schranken der Vereinbarung und Durchführung von VBM bezeichnen sollen, aufgenommen werden sollen. Vorab soll jedoch gleich gesagt werden, welche Prinzipien u. E. *nicht* in einen diesbezüglichen etwaigen Verhaltenskodexprinzipienkatalog aufgenommen werden sollten, nämlich das Prinzip der Selbstbestimmung der Völker sowie ein allgemeiner Bezug zu den Menschenrechten.[265]

aa) Eine Prinzipienerklärung sollte der Gleichheit der Staaten gewidmet sein. Allerdings sollte hierbei aus westlicher Sicht besonders darauf geachtet werden, daß Formulierungen gefunden werden, die eine Interpretation, mittels derer den Interessen des Westens Schaden zugefügt werden kann, nicht zulassen. Dabei sind Formeln zu suchen, die sowohl dem formalen als auch dem materiellen Gleichheitssatz gleichermaßen gerecht werden.

So könnte einmal das Recht aller Staaten auf gleiche Teilhabe an der Vereinbarung (und Durchführung) von VBM festgeschrieben werden („The adoption and implementation of Confidence-Building Measures has to be in accordance with the principle of sovereign equality of States, taking into account particularly the right of all States to partici-

---

[263] Ausführlicher dazu oben S. 67 f.; zur eventuellen Konkretisierung des Prinzips der Guten Nachbarschaft durch VBM S. 87 ff. und 94.

[264] Vgl. oben S. 92.

[265] Zur Begründung noch einmal oben S. 122 f., 81 f. und 97 f.

pate on an equal footing in international efforts and negotiations"). Hier wurden zwei, in der VN-Expertenstudie an verschiedenen Stellen aufscheinende Gedanken zu einem einzigen zusammengefügt.[266] Aufgrund einer derartigen Formulierung dürfte es der Sowjetunion zumindest schwerer fallen, ihre besondere Interpretation des Grundsatzes der „gleichen Sicherheit", die anderen Staaten die Gleichheit, die die Sowjetunion allenfalls im Verhältnis zwischen sich und der anderen Supermacht, den USA, gelten lassen will, vorenthalten will[267], weiterhin erfolgreich zu vertreten.

Bezogen auf den materiellen Gleichheitssatz könnte ebenfalls eine Formel gefunden werden, die einseitige, unerwünschte Interpretationen des Satzes von der „gleichen Sicherheit" zumindest erheblich erschweren würde („Furthermore the adoption and implementation of Confidence-Building Measures shall take place in an equitable and balanced manner that ensures the right of each State to undiminished security").[268] Nicht nur, daß hier der umstrittene Begriff der „gleichen Sicherheit" — der so im übrigen auch in der VN-Expertenstudie nicht vorkommt — völlig vermieden wird, wird auch ganz deutlich, daß die „Sicherheit" der Staaten das Zielobjekt ist, welches — falls keine gegenteiligen Vereinbarungen vorliegen — gemäß dem Gleichheitssatz „gleich" zu gewährleisten ist.[269]

Mit jenen Formulierungen wurde im übrigen die etwas unglückliche, in der VN-Expertenstudie im gegebenen Zusammenhang verwendete Floskel, daß gesichert sein müsse, „that no individual State or group of States obtains advantages over others at any stage"[270], vermieden. Dieser Ausdruck ist auf verschiedene Art unglücklich. Zunächst ist er, sollte er sich auf den formalen Aspekt des Gleichheitssatzes beziehen, vor dem Hintergrund einer wie im Vorstehenden vorgeschlagenen Formel überflüssig, da diese bereits für sich hinreichend den mit der „no advantage"-Klausel verbundenen Gedanken zum Ausdruck bringt. Sollte sich die „no advantage"-Klausel aber auf den materiellen Aspekt des Gleichheitssatzes beziehen, so ist sie in Hinblick auf die *Vereinbarung* von VBM irreführend, insofern nämlich, als sie davon ablenkt, daß Staaten ja, wenn sie das wollen, in einer VBM-Vereinbarung durchaus Bedingungen aushandeln können, die unterschiedlich vorteilhaft für die einzelnen Vereinbarungspartner sind. Sollte sich jener Ausdruck aber auf die *Durchführung* von VBM beziehen, so wäre er wohl besser in einer Prinzipienerklärung über den Treu und Glauben-Satz aufgehoben.

---

[266] Vgl. Study (Anm. 10), §§ 43 und 91.
[267] Vgl. dazu noch einmal oben S. 104 f.
[268] Ähnlich Study (Anm. 10), § 91.
[269] Vgl. im übrigen noch einmal, was oben, S. 105 f., zur Begriffswahl „gleiche" — „unverminderte Sicherheit" gesagt worden ist.
[270] Study (Anm. 10), § 91.

bb) In einem VBM-Verhaltenskodex unbedingt inkorporiert werden sollte der Treu und Glauben-Satz. Die grundsätzliche Verpflichtung könnte wie folgt formuliert werden: „States have the duty to fulfil in good faith their obligations arising under agreements on Confidence-Building Measures". Diese Verpflichtung kann weiter spezifiziert werden, indem gefordert wird: „They will adhere strictly to the obligations they have assumed under agreements on Confidence-Building Measures".

Dazu sollte erwogen werden, auch eine Bestimmung bzgl. der gutgläubigen Wahrnehmung von Rechten aus VBM-Vereinbarungen einzubauen. Hier könnte etwa formuliert werden: „States will make use of their rights under agreements on Confidence-Building Measures according to the letter and the spirit of said agreements, guaranteeing that no individual State or group of States obtains advantages over others at any stage of implementation of said agreements". Möglicherweise würde eine derartige Grundsatzaussage den besonderen Gefallen der Sowjetunion finden, die sich ja gelegentlich darüber beschwert, daß westliche Staaten ihre Rechte aus VBM-Abmachungen nicht bona fide wahrnähmen und gelegentlich mehr „ausspionierten", als ihnen aufgrund jener Abmachungen eigentlich zustünde. — Im übrigen sei noch darauf hingewiesen, daß wir die „no advantage"-Floskel hier an den Treu und Glauben-Satz angebunden haben. Hier scheint sie uns — zumindest was die *Durchführung* von VBM-Vereinbarungen betrifft — richtiger am Platze zu sein als beim Gleichheitssatz, zumindest aber ebenso richtig.

2. Zum Inhalt von VBM-Richtlinien

Auch die inhaltliche Gestaltung von VBM-Richtlinien wird sich in gewissem Maße nach der Aufgabe zu richten haben, die solche Richtlinien in der Praxis erfüllen sollen. War oben als möglicher Zweck eines VBM-Verhaltenskodex die Bereitstellung allgemeiner normativer (rechtlicher) Leitdaten für die Praxis der Vereinbarung und Durchführung von VBM vorgestellt worden, so werden VBM-Richtlinien die Aufgabe haben, Vorschriften, normative Leitdaten für die Vereinbarung und Durchführung bestimmter konkreter VBM, bzw. Klassen von VBM bereitzustellen. Sie nehmen somit eine gewisse Mittelstellung ein zwischen der Vereinbarung einer VBM zwischen zwei (oder mehreren) Staaten im konkreten Einzelfall und dem allgemeinen VBM-Verhaltenskodex: Sie sind einerseits allgemeiner als die konkrete Einzelfallvereinbarung, und zwar insofern, als sie Geltung nicht nur für diesen einen Einzelfall, sondern generell und pro futuro für alle Fälle dieser Klasse beanspruchen, und darüber hinaus auch nicht die konkrete Gestaltung einer bestimmten VBM-Vereinbarung im Detail vorwegnehmen wollen und können (eine solche Detailfestlegung muß wohl jeweils den Vereinbarungspartnern im konkreten Einzelfall überlassen bleiben), sondern sie die allgemeineren Richtlinien, die für VBM-Vereinbarungen der betreffenden Klasse gelten sollen, festlegen sollen. Andererseits sind sie aber auch konkreter als der VBM-Verhaltenskodex, der normative Leitsätze für die Vereinbarung und Durchführung von VBM überhaupt, ohne daß dabei spezifische VBM bzw. Klassen von VBM ins Auge gefaßt wären, vorgibt, während die Richtlinien ihre Vorgabe eben bzgl. spezifischer (Klassen von) VBM setzen. Während es also beim Verhaltenskodex gewissermaßen um so etwas wie die „Zehn Gebote für VBM" überhaupt geht, geht es bei den Richtlinien um die „Zehn Gebote der Manöverbeobachtung", der Manöverankündigung, usw.

Dabei würde sich folgende Gestaltungstechnik anbieten: Einmal würden in Richtlinien (etwa für die VBM „Manöverbeobachtung") für den allgemeinen Verhaltenskodex entwickelte Grundsatzaussagen übernommen, diese zu den einzelnen VBM, zu denen die Richtlinien entwickelt werden sollen (hier: Manöverbeobachtung) in Beziehung gebracht und dabei im Hinblick auf diese konkret zu spezifizierenden VBM so adaptiert und reformuliert, daß eine neue Grundsatzaussage herauskommt, die für diesen konkreten Anwendungsfall einer bestimmten Klasse von VBM — in unserem Beispielsfall eben der VBM „Manöverbeobachtung" — Leitsatzfunktion erfüllen kann. Um das soeben abstrakt Formulierte an unserem Beispiel „Manöverbeobachtung" anhand einer ausgewählten Grundsatzaussage aus dem Verhaltenskodex konkret vorzuexerzieren: Man übernimmt die für den VBM-Verhaltenskodex entwickelte Grundsatzaussage, daß das VBM-Konzept, insbesondere aufgrund des in ihm zum Tragen kommenden Gedankens der Offenheit und Transparenz, der Schaffung und / oder Erhöhung der Sicherheit der beteiligten Staaten und der Stabilisierung der Beziehungen zwischen diesen diene und dadurch in der Folge auch zur Verwirklichung des völkerrechtlichen Gebots der Gewährleistung von „Weltfrieden und internationaler Sicherheit", und insbesondere zur Stärkung des völkerrechtlichen Gewaltverbotes beitrage, in den Katalog der Richtlinien für Manöverbeobachtung, bezieht sie auf diese VBM und formuliert sie entsprechend um. Als Ergebnis würde dann die neue Richtlinien-Grundsatzaussage herauskommen, daß der Austausch von Manöverbeobachtern und die Beobachtung von Manövern, aufgrund der damit bewirkten Offenheit und Transparenz, der Schaffung und/oder Erhöhung der Sicherheit der beteiligten Staaten und der Stabilisierung der Beziehungen zwischen diesen diene und dadurch in der Folge auch zur Verwirklichung des völkerrechtlichen Gebots der Gewährleistung von „Weltfrieden und internationaler Sicherheit", und in Sonderheit zur Stärkung des völkerrechtlichen Gewaltverbots beitrage.

Man müßte sich allerdings bei der Gestaltung von VBM-Richtlinien nicht darauf beschränken, lediglich die für einen Verhaltenskodex formulierten Grundsätze zu übernehmen und sie dann, um den Hinweis jeweils auf die konkrete VBM ergänzt, so, gewissermaßen „unbehauen", im Raume stehen zu lassen. Vielmehr könnte man in der Folge daran gehen und — etwa auf der Grundlage wie eben beschriebener Richtlinien-Grundsatzaussagen — bezogen auf die zur Debatte stehenden VBM noch spezifischere Aussagen im Hinblick auf die Durchführung und Verwirklichung dieser VBM treffen. Um wieder ein Beispiel — wieder für die VBM „Manöverbeobachtung" — zu geben: Man könnte zunächst die für den Verhaltenskodex formulierte Grundsatzaussage, daß Staaten verpflichtet sind, ihnen aufgrund einer VBM-Vereinbarung übertragene Rechte bzw. Pflichten jeweils gemäß Treu und Glauben zu nutzen, bzw. zu erfüllen, als Grundsatzaussage — entsprechend adaptiert und reformuliert — auch in den Katalog der Richtlinien für die VBM „Manöverbeobachtung" aufnehmen. In der Folge könnten dann aber dazu bestimmte Spezifikationen getroffen werden, indem z. B. gesagt würde, daß der einladende Staat — in Ausführung des Gebotes, seine Pflichten gemäß Treu und Glauben zu erfüllen — den eingeladenen Beobachtern alle jene Hilfsmittel zur Verfügung stellen müsse, die es den eingeladenen Manöverbeobachtern erlaubten, ihre ihnen aufgrund der betreffenden VBM-Vereinbarung zustehenden Rechte voll wahrzunehmen, bzw. die es erlaubten, daß der angestrebte Zweck der Manöverbeobachtung voll erfüllt werden kann. Dabei kann hier weitergehend noch daran gedacht werden, beispielshalber auch einige der oben apostrophierten technischen Hilfsmittel (z. B. Ferngläser, schriftliche Unterlagen, Manöverpläne usw.) bzw. konkret auf ihren Gebrauch abstellende spezifische Verhaltensregeln in der Richtlinie anzuführen. In dieser Art ließen sich also auch Richtlinien-Grundsatzaussagen, im Hinblick jeweils auf die besonderen Erfordernisse der betreffenden VBM, noch weiter spezifizieren.

Im folgenden soll nun versucht werden, einige Elemente von VBM-Richtlinien, die aus rechtlicher Sicht einschlägig erscheinen, entsprechend der im Vorstehenden skizzierten Technik für bestimmte VBM (-Klassen) zu entwickeln. Das eingangs zitierte Arbeitspapier, das die Bundesrepublik Deutschland auf der 2. VN-Sondergeneralversammlung über Abrüstung zum Punkt „VBM-Richtlinien" eingebracht hat[271], nennt sechs VBM, bzw. Klassen von VBM, zu denen vorerst einmal Richtlinien entwickelt werden sollten: die Beobachtung von Manövern; die Durchführung von Manövern und anderen militärischen Bewegungen; die Ankündigung von Rüstungsvorhaben; die Publizierung und Vergleichbarmachung von Verteidigungshaushalten; die Hegung von Grenzzwischenfällen; sowie die Hegung von Zwischenfällen auf hoher See und im Luftraum. Dieser Katalog des bundesdeutschen Arbeitspapiers soll Grundlage der folgenden Erörterungen sein.

---

[271] Fundstelle Anm. 12; vgl. auch oben S. 115.

a) Manöverbeobachtung

aa) In „Richtlinien für die Manöverbeobachtung" könnte zunächst in der Tat die oben gerade als Beispiel formulierte grundsätzliche Aussage aufgenommen werden, daß der Austausch von Manöverbeobachtern und die Beobachtung von Manövern, insbesondere die durch sie bewirkte Offenheit und Transparenz, der Schaffung und Erhöhung der Sicherheit der beteiligten Staaten und der Stabilisierung der Beziehungen zwischen ihnen dienten. Damit verbunden werden kann die Aussage, daß damit zur Verwirklichung des völkerrechtlichen Gebots der Gewährleistung von „Weltfrieden und internationaler Sicherheit", und insbesondere zur Stärkung des völkerrechtlichen Gewaltverbotes beigetragen wird. Dazu wäre der Hinweis anzubringen, daß die Vereinbarung und Durchführung der Manöverbeobachtung eine Konkretisierung des völkerrechtlichen Grundsatzes der Zusammenarbeit zwischen den Staaten darstellt und in diesem seine legitimatorische Basis findet, bzw. aus diesem abzuleiten ist.

bb) Als nächstes könnte eine Aussage zur Verrechtlichung der VBM „Manöverbeobachtung" in die Richtlinien Eingang finden. So könnte gesagt — und hierbei eine entsprechende, weiter oben für den allgemeinen VBM-Verhaltenskodex entwickelte Prinzipienaussage übernommen und adaptiert — werden, daß die Verrechtlichung von Vereinbarungen über Manöverbeobachtung („Verrechtlichung" in dem Sinne, daß die betreffenden Vereinbarungen auf rechtlich verbindliche Weise getroffen werden) aufgrund der dann so entstehenden größeren „Rechtssicherheit" zur zusätzlichen Stabilisierung der diesbezüglichen Beziehungen der jeweils betroffenen Staaten führen könne.

In der Folge könnte hier eine Aussage darüber angeschlossen werden — und hierbei würde wiederum aus dem Schatz der weiter oben für einen Verhaltenskodex vorgeschlagenen Grundsatzaussagen „geborgt" —, daß Staaten VBM vom Typ „Manöverbeobachtung" auch auf nichtrechtlich verbindliche Weise vereinbaren könnten und auch dies ein wichtiger Beitrag zur Stabilisierung der betreffenden Staatenbeziehungen wäre, insbesondere unter dem Gesichtspunkt, daß sich anhand dieser nicht-rechtlichen Vereinbarungen mit der Zeit doch auch (gewohnheits-) rechtliche Verbindlichkeiten ergeben könnten; usw.[272]

cc) Als nächste Aussage könnte in einen Katalog von Richtlinien für die VBM „Manöverbeobachtung" auch die weiter oben schon erhobene

---

[272] Siehe dazu und zu weiteren möglichen, daran anschließenden Richtlinien-Grundsatzaussagen oben, S. 117 ff. In diesem Zusammenhang ist noch darauf hinzuweisen, daß nicht nur die Grundsatzaussagen als solche aus dem allgemeinen Verhaltenskodex geborgt werden können, sondern auch die dort hergestellte Reihenfolge jener Aussagen über die verschiedenen Verrechtlichungs-, bzw. Normierungsweisen in den Richtlinienkatalog übernommen werden kann.

Forderung aufgenommen werden, daß es bei der Vereinbarung der gegenständlichen VBM sehr wichtig sei, genau die Parameter für deren Durchführung festzulegen, und zwar einerseits genau festzulegen, wozu die eingeladenen Beobachter jeweils berechtigt seien und andererseits, wozu die einladenden und die Manöver abhaltenden Staaten jeweils verpflichtet seien.

dd) Hieran angeschlossen werden könnte die Erinnerung daran, daß Staaten verpflichtet sind, ihnen übertragene Rechte, bzw. aufgetragene Pflichten jeweils gemäß Treu und Glauben in Anspruch zu nehmen und zu nutzen, bzw. zu erfüllen. Hier könnte speziell bezogen auf die Beobachtung von Manövern noch eine Spezifikation etwa derart getroffen werden, daß gesagt würde, daß der einladende Staat den eingeladenen Beobachtern alle jene Hilfsmittel zur Verfügung stellen müsse, die es erlaubten, daß der angestrebte Zweck der Manöverbeobachtung voll erfüllt werden könne, bzw. der einladende Staat alles zu unterlassen hätte, was diese Zweckerfüllung beeinträchtigen könnte[273], usw.

ee) Schließlich wäre zu überlegen, ob man nicht noch Richtlinien bzgl. der etwaigen Verifikation der VBM „Manöverbeobachtung" einführt. Zwar erscheint Verifikation in bezug auf die grundsätzliche Verpflichtung, nämlich daß man Manöverbeobachter einlädt, erläßlich. Für die Prüfung dagegen, ob Informationen, die ein zur Manöverbeobachtung einladender Staat den von ihm eingeladenen Manöverbeobachtern über die betreffenden Manöver zur Verfügung stellt, richtig sind, könnte sich ggfs. die Vereinbarung eines entsprechenden Verifikationsverfahrens als nötig erweisen.[274] Von hier aus ergäbe sich dann die Rechtfertigung für Richtlinien für die Verifikation von VBM des Typus „Manöverbeobachtung".

Man könnte nun noch weitere Vorschläge für Richtlinien formulieren, die in einen Richtlinienkatalog für die VBM „Manöverbeobachtung" aufgenommen werden könnten, etwa im Hinblick auf die weiter oben herausgearbeitete Verpflichtung, daß auch die aus einer VBM-Vereinbarung (hier: über Manöverbeobachtung) Berechtigten sich strikt an die jeweiligen Abmachungen zu halten und etwa Rechte nicht über den Rahmen des Vereinbarten hinaus in Anspruch zu nehmen hätten[275] — für

---

[273] Die entsprechende Richtlinie könnte etwa formuliert sein: „States will fulfil in good faith and adhere strictly to their obligations assumed under agreements on observation of military manoeuvres. In order to ensure the full use of rights of the participating States under said agreements, each State will provide the other participating States with all means necessary for, and will avoid all acts which could impair the full and orderly implementation of said agreements ...". — Vgl. im übrigen, was oben, S. 128 f., zu dieser Spezifikationstechnik als solcher gesagt worden ist.

[274] Vgl. dazu das, was oben entsprechend zur Gestaltung des VBM-Verhaltenskodex gesagt worden ist, S. 120.

[275] Vgl. dazu noch einmal oben S. 127 und 98 f.

den Fall konkret der Manöverbeobachtung hieße dies etwa, daß sie Informationen nur bzgl. des Vereinbarten, nicht jedoch darüber hinausgehend sammeln dürfen. Oder man könnte Richtlinien für Manöverbeobachtung auf der Grundlage des wie oben näher spezifizierten Nichteinmischungsgrundsatzes, des Gleichheitssatzes usw. formulieren.[276] Dies soll hier im Detail nicht geschehen. Worauf es hier ankam war nur, das Prinzip herauszustellen, demzufolge VBM-Richtlinien (hier: für Manöverbeobachtung) entworfen werden können.

b) Ankündigung von Manövern und anderen militärischen Bewegungen/ Ankündigung von Rüstungsvorhaben/Offenlegung von Militärbudgets

All das, was im Vorhergehenden über Richtlinien für die VBM „Manöverbeobachtung" gesagt worden ist, läßt sich grundsätzlich — mutatis mutandis — auch auf die anderen, im o. a. Arbeitspapier der Bundesrepublik Deutschland genannten transparenzfördernden VBM i.e.S., nämlich die Ankündigung von Manövern und anderen militärischen Bewegungen, die Ankündigung von Rüstungsvorhaben sowie die Offenlegung von Militärbudgets anwenden. So lassen sich auch für diese VBM entsprechende Richtlinien etwa betreffend die Verrechtlichung dieser VBM, betreffend den Beitrag dieser VBM zur Aufrechterhaltung von Weltfrieden und internationaler Sicherheit und ihre Korrelation zu den diesbezüglichen Völkerrechtsprinzipien, betreffend die möglichst genaue Determinierung der Parameter der Durchführung jener VBM, betreffend die Erfüllung der im Rahmen solcher VBM-Vereinbarungen übernommenen Rechte und Pflichten gemäß dem Grundsatz von Treu und Glauben, usw. formulieren. Was allenfalls jeweils anders zu formulieren wäre, wären detaillierte, konkret auf die spezielle VBM-Art bezogene Aussagen. Ebenso wären in einen Richtlinienkatalog für die hier behandelten VBM wohl auch Richtlinien, die Aussagen zur Verifikation der betreffenden VBM-Vereinbarungen treffen, aufzunehmen.

c) Grenzzwischenfälle/Zwischenfälle auf hoher See und im Luftraum

Richtlinien für Krisenkommunikations-VBM wie die beiden im o. a. bundesdeutschen Arbeitspapier angeführten (Kommunikation bei Grenzzwischenfällen bzw. bei Zwischenfällen auf hoher See und im Luftraum) könnten sich ebenfalls in dem im Vorstehenden vorgezeichneten Rahmen bewegen. Zu den dort genannten Elementen können aber auch noch andere hinzugefügt werden: So könnte einmal ein Hinweis darauf erfolgen, daß diese Art von Maßnahmen eine gewisse Verkörperung des Prinzips der friedlichen Streitbeilegung, insbesondere des Gebots, alles zu tun oder zu unterlassen, um die Verschärfung eines Konfliktes zu verhindern, dar-

---

276 Siehe oben S. 98 ff. und 125 ff.

stellen.[277] Zum zweiten ein Hinweis darauf, daß derartige Maßnahmen zur Konkretisierung des Gedankens der Guten Nachbarschaft beitragen können.

3. Zur formalen Charakterisierung des Verhaltenskodex bzw. der Richtlinien

Abschließend sollen noch einige Überlegungen zur formalen Charakterisierung eines etwaigen VBM-Verhaltenskodex bzw. etwaiger VBM-Richtlinien angestellt werden.

Zunächst ist gemäß Generalversammlungsresolution A/RES/37/100 D die Abrüstungskommission der VN (UNDC) mit der Ausarbeitung von VBM-Richtlinien befaßt. Sollte weitergehend auch ein entsprechender VBM-Verhaltenskodex auszuarbeiten sein, würde zunächst wohl auch die UNDC damit befaßt werden. In aller Regel berichtet die UNDC, die ja kein Beschluß-, sondern ein Diskussionsorgan ist[278], über ihre Arbeit an den I. Ausschuß der VN-Generalversammlung.[279] Dieser wiederum berichtet seinerseits an die Generalversammlung.

Zur Zeit am wahrscheinlichsten ist, daß ein VBM-Verhaltenskodex, bzw. VBM-Richtlinien, sollten sie zustandekommen, von der VN-Generalversammlung als Resolution verabschiedet würden.[280] Für den Fall nun, daß eine diesbezügliche Resolution einstimmig oder per acclamationem angenommen würde, könnten verschiedene rechtliche Konsequenzen gezogen werden. Nach der herkömmlichen Lehre betreffend die Bindungswirkung von (einstimmig verabschiedeten) Generalversammlungsresolutionen („Deklarationen") würde eine solche, den Verhaltenskodex bzw. Richtlinien in sich bergende Resolution Empfehlungscharakter besitzen und allenfalls nicht-rechtlich verbindlich sein. Unmittelbare rechtliche Bindungswirkung käme ihr dabei nicht zu. Gleichwohl könnte sie einen Ansatzpunkt darstellen, aus dem sich in der Folge — das Wachsen und den Nachweis einer entsprechenden opinio iuris vorausgesetzt — eine einschlägige rechtliche Norm entwickeln könnte.[281]

---

[277] Dazu ausführlicher oben S. 92.

[278] § 118, lit. a der Schlußresolution der 1. Sondergeneralversammlung; Fundstelle Anm. 6.

[279] Zu diesem Prozedere siehe die Klarstellung des damaligen Vorsitzenden der UNDC, *Vellodi*, in: UN Doc. A/CN. 10/PV. 4 vom 12. 10. 1978, S. 6.

[280] Der Weg dazu könnte so aussehen, daß erst die UNDC einen Entwurf erarbeitet, dieser vom I. Ausschuß ggfs. überarbeitet würde und der I. Ausschuß dann der Generalversammlung einen entsprechenden Resolutionsentwurf vorlegen würde.

[281] Vgl. dazu ausführlicher *Simma* (Anm. 72), 48 ff.; ferner *Eckart Wehser*, Die Bindungswirkung der Empfehlungen der Vollversammlung der Vereinten Nationen, in: Thesaurus Acroasium, Bd. II, Thessaloniki 1976, 369—394, m.w.N.

Gemäß einer modernen Anschauung über die Bindungswirkung von „Deklarationen" der VN-Generalversammlung[282] dagegen könnte — vorausgesetzt, es läßt sich ein entsprechender Bindungswille der beteiligten Staaten nachweisen — eine solche Resolution unmittelbar als Quelle entsprechender *rechtlicher* Normen angesehen werden. Ein VBM-Verhaltenskodex sowie VBM-Richtlinien wären dann als unmittelbar rechtlich verbindliche Verhaltensweisen zu begreifen. In jedem Fall aber müßte ein Staat, der sich durch eine solche Resolution rechtlich nicht binden lassen möchte, bei Vorliegen von Anzeichen, daß der betreffenden Resolution Rechtscharakter zugemessen werden soll, eine Verwahrung anbringen, in der er zum Ausdruck bringt, daß er für sich eine solche Rechtswirkung nicht gelten lassen möchte.[283]

---

[282] *Simma* (Anm. 72), 68 ff.

[283] Für den Fall, daß eine entsprechende Resolution nicht einstimmig, sondern mehrheitlich zustandekäme,wäre sie gleichwohl als wichtiger Hinweis darauf, in welche Richtung sich das betreffende Konzept nach Auffassung der Mehrheit der Staatengesellschaft entwickeln sollte, aufzufassen.

X. Ausblick

Das VBM-Konzept nimmt erst seit wenigen Jahren einen prominenten Platz in den Bemühungen zur Gestaltung der internationalen (Sicherheits-) Beziehungen ein. Die (völker)rechtliche Erfassung des Konzepts ist noch jüngeren Datums. Jedenfalls gibt es — wie auch die VN-Expertenstudie über VBM zutreffend hervorgehoben hat[284] — kein Corpus einschlägiger spezifischer „VBM-Völkerrechtsnormen". Nichtsdestotrotz konnten im Vorstehenden eine Reihe von Ansatzpunkten aufgezeigt werden, von denen aus sich eventuell ein entsprechendes Corpus entwickeln könnte. Eine besondere Rolle wird dabei sicherlich den beiden, im Vorstehenden vorgestellten und näher erörterten Initiativen eines VBM-Verhaltenskodex sowie VBM-Richtlinien zukommen. Sie könnten in der Tat den Nukleus für so etwas wie ein spezifisches „VBM-Völkerrecht", welches seinerseits wiederum wichtigster Anstoß für die Entwicklung eines spezifischen „Völkerrechts der Rüstungskontrolle" sein könnte, darstellen. Zunächst müssen die beiden Initiativen aber erst einmal konkrete Gestalt annehmen und von der Staatengesellschaft (eventuell im Rahmen der VN-Generalversammlung) verabschiedet werden. Dann müssen sie von den Staaten auch in der Praxis „angenommen" werden, müssen die geschaffenen Normen mit Leben erfüllt werden. Dies wird am besten dadurch geschehen, daß die Staaten einerseits in zunehmendem Maß das VBM-Konzept als solches in ihren Beziehungen berücksichtigen — und zwar, um hier eine möglichst breite Staatenpraxis zu schaffen, durchaus auch z. B. in ihren bilateralen Beziehungen mit befreundeten Staaten —, und daß sie andererseits dabei auch in ständiger Übung den rechtlichen Aspekten des Konzepts zur Geltung verhelfen. So wäre in Zukunft, stärker und ausdrücklicher als dies bisher der Fall gewesen ist, bei der Abfassung neuer VBM-Regelungen auf die einschlägigen Völkerrechtsprinzipien Bezug zu nehmen[285] und z. B. in den Präambeln künftiger VBM-Vereinbarungen etwa verstärkt auf die völkerrechtlichen Leitprinzipien für den VBM-Prozeß, auf den Bezug einzelner VBM zu bestimmten Völkerrechtsprinzipien oder, in letzterem Zusammenhang, insbesondere darauf hinzuweisen, inwieweit einzelne VBM zur Konkretisierung dieser Völkerrechtsprinzipien beizutragen in der Lage sind. Nur wenn es eine solche Staatenpraxis gibt, wird sich auch einschlägiges Völkerrecht, ein

---

[284] Study (Anm. 10), § 93.

[285] Dies empfiehlt jetzt auch das Schlußdokument der Madrider KSZE-Nachfolgekonferenz (Anm. 3), 814 (Ziff. 2).

„Völkerrecht der VBM", bilden können. Worauf es ankommt, ist die beharrliche, stete Anstrengung der Staaten, entsprechende rechtsschöpfende Aktivität — wenn nötig, auch in einer Praxis der kleinen Schritte — an den Tag zu legen. Sicherlich sollte man sich auch hier des Mottos erinnern, mit dem die VN-Expertenstudie über VBM versehen worden war: „Selbst die längste Reise beginnt mit einem einzigen Schritt."

Summary

In the last few years the concept of Confidence-Building Measures (CBM) has played an ever increasing role in international politics. Witness of this is the adoption of a "Document on Confidence-Building Measures and Certain Aspects of Security and Disarmament" within the framework of the Final Act of the Conference on Security and Cooperation in Europe (CSCE) in the year 1975 on the one hand, and the work of an expert group of the United Nations (UN), which in 1981 elaborated a Comprehensive Study on Confidence-Building Measures, on the other hand.

In practice, a great number of CBM were discussed, proposed or agreed upon. In sum, one can discern the following classes and sub-classes of "CBM":

1. Military CBM
   - a) Transparency-building CBM
     - aa) Transparency-building CBM proper
     - bb) CBM for crisis-communication
   - b) Restrictive CBM ("Security-Building Measures/SBM")
     - aa) CBM/SBM restricting the operational options of the military
     - bb) CBM/SBM restricting the substance of the military
   - c) Declaratory CBM
2. Non-Military CBM

Not all of these CBM, however, can duly be regarded as CBM in the sense of the original concept of CBM, developed in the framework of CSCE. In fact, that comprehensive approach overloads the notion of CBM — both analytically and practically. It has therefore been suggested — as this study does — that the scope of the concept should be restricted, and in the future under the heading of CBM should be dealt with Transparency-building Measures and Restrictive CBM/SBM of the sub-class restricting the operational options of the military only, and that the remaining classes of CBM should be considered within different frameworks.

Whereas the concept of CBM as such can look back at least at a certain history, the international law aspect of CBM was taken up only in most recent years. As a result, scholarly elaborations on this topic are rare and, more specifically, there also lacks any distinct body of legal rules pertinent to CBM. However, a good opportunity to reverse the picture and to develop the international law aspect of CBM is provided by two initiatives, taken recently within the UN under prominent participation of the Federal Republic of Germany; namely the initiative envisaging the elaboration and adoption of a general international legal Code of Conduct for the adoption and implementation of CBM on the one hand, and the elaboration and adoption of more specific Guidelines for the adoption and implementation of certain concrete classes of CBM on the other. Nevertheless, the existing body of international law also provides already some elements, which — if reconsidered and elaborated — could be instrumentalized for dealing with the CBM-concept under the international law aspect. This study undertakes some of this reconsideration and elaboration. In the following, we will present some of our findings:

1. Question of juridification of CBM

The first question which arises under a lawyers view on CBM is that of the eventual juridification of CBM, which means that in the first instance one asks the question whether agreements on CBM should be concluded in such a way so that they are legally binding. There are certainly several reasons which speak in favor of such juridification: one reason surely is the higher degree of stabilization and duress of the expectations of actors determined to conclude an agreement on CBM, which can be effected by concluding such an agreement in a legally binding way (enhancement of the certainty of the law, *Erhöhung der Rechtssicherheit*). A further positive effect of the juridification of a certain CBM in the sense described above would be that such CBM, agreed upon in a legally binding fashion, would be „legalized" by such action and its legitimacy herewith enhanced. This in turn would legitimate states, in case of breach of such agreement by one partner, to lodge a formal juridical complaint and even to take reprisals against that law-breaking partner. (The two last-mentioned arguments, however, have to be relativized: A state may not be willing or able in every case to take such action — for example, in order not to disturbe otherwise good relations with that partner, or as a result of unfavorable power relations.)

On the other hand, some grounds also exist, which are without doubt against the juridification of CBM. The most important surely is that a state, by entering a legal commitment, loses a good deal of freedom of action and flexibility.

To sum up, there are some pros and cons with respect to the juridification of CBM. It is therefore not possible to render a general answer as to whether it is favorable or not to endow an agreement on CBM with legal character. Instead, the question will have to be answered in each singular case, taking into account all relevant conditions and circumstances of that case. The task of finding an adequate solution might be alleviated by the fact, that a number of other, non-legal instruments exist besides legal instruments for concluding an agreement, which can be utilized by states for that purpose (for example "political" binding agreements, and so on).

2. *The foundation of the CBM-concept in existing international law*

The next question is, whether the concept of CBM, or at least certain singular (classes of) CBM, find a legal basis in norms of existing international law. The question can be answered as follows:

The concept of CBM finds a legal basis in the principle of international security (art. 1, para. 1 UN Charter), which prescribes that states maintain international (peace and) security.

The concept of CBM finds a second legal basis in the principle of cooperation of states, which formulates the duty of states to cooperate with each other, *inter alia*, in order to maintain international peace and security (art. 2, para. 3 UN Charter; Declaration on Principles of International Law concerning Friendly Relations and Co-operation among States in accordance with the Charter of the United Nations — GA Res. 2625 [XXV]).

The foundation of the concept of CBM in the principle of the prohibition of use or threat of use of force in international relations (art. 2, para. 4 UN Charter) in a *direct* way is — with some minor exceptions — not possible, the exceptions being certain CBM, which restrict force postures of states in a way that inhibits manifest, though not verbally explicit threats of use of force.

However, it seems possible to found the concept of CBM — *via* the category and principle of international security — in an *indirect* way in the principle of the prohibition of use or threat of use of force in international relations: Insofar as CBM contribute to the goals of the principle of international security, and insofar as in turn the realization of the principle of international security promotes the realization of the principle of the prohibition of use or threat of use of force, CBM contribute to the goals of that latter principle and can be founded in it.

In speaking of "founding" the concept of CBM in certain norms of international law we envisage the deduction of the concept of CBM from and the justification of it in the rationale of such norms and its legitimation by recourse to these norms. That does not mean, however, that we believe that one can start from there and also deduce an immediate concrete obligation for states, to adopt and implement certain CBM, from those norms. For this, the legal command spelled out by these norms is too general, vague and not specific enough to establish a concrete obligation for specific action by states. Rather, one has to assume that states must concretize those general norms by establishing an additional, more concrete normative basis, in which one could found, in a given case, the concrete obligations to adopt and implement CBM. Such more concrete norms (e. g.: "States have the duty to adopt and implement CBM to strengthen international security"), however, do not exist as yet.

3. *The possible contribution of CBM-practice to the further development and concretization of international law*

On the basis of the permanent and uniform practice of certain transparency-building CBM, a principle of "openness (in military matters)" could develop. The principle would be defined by the duty of states to provide, for the sake of the maintenance and strengthening of international security, certain informations on military matters, either actively, or passively in the sense of allowing the collection of information on military matters by other states. This principle of openness could be construed as an independent principle of international law. It could, however, also be correlated to and subsumed under certain other, more general principles of international law and seen as a concretization of those principles, these principles being the principles of international security, of cooperation between states, and, under certain circumstances, the principle of good-neighbourliness.

On the basis of the permanent and uniform practice of certain CBM for crisis-communication, certain duties could develop with regard to the de-escalation of international conflicts, in particular the duty to enter into negotiations and to maintain communication with an adversary during an international crisis. This legal rule could be correlated to and subsumed under that aspect of the principle of peaceful settlement of disputes, which outlines the duty of states to avoid anything that could aggravate an international conflict, and could be conceived as a concretization of that general principle. Additionally, the new norm could be correlated to the principles of international security, of the prohibition of use or threat of use of force, and the principle of cooperation between states.

On the basis of the permanent and uniform practice of certain restrictive CBM/SBM, which restrict certain operational military options of states, a legal duty not to establish offensive and/or threatening military postures and activities could be developed. This norm would, in first line, be subsumed under the principle of the prohibition of threat of use of force.

4. *Limits for the adoption and implementation of CBM provided by international law*

States, of course, do not act in a legal vacuum when adopting and implementing CBM. International law here establishes some limits, which restrain the freedom of action of states in this respect. The most important ones are the principles of sovereign equality of states, of non-intervention in internal affairs, and the principle of good faith.

In a situation where states do not agree explicitly on different rights and duties for states participating in a CBM-agreement, according to the principle of equality all participants shall enjoy the same rights and assume the same duties under the agreement. This relates on the one hand to the formal aspect of an agreement in the sense that all states concerned may participate in efforts and negotiations on an equal footing, and on the other hand to the material aspect of an agreement, as it assures that all participants shall enjoy the same degree of security under a CBM-agreement, that security is assured equally for all, that this agreement does not subtract from the security of anyone of the participating states.

Good faith, in connection with the principle of non-intervention as well as the principle of sovereign equality requires, that states implement a CBM-agreement in such a way that they remain within the boundaries of the agreement and that they do not exceed these boundaries and thereby intervene in that sphere of military matters, which was excluded from the scope of said agreement as essentially internal. In order to avoid disputes as to the actual scope and the correct implementation of an agreement on CBM it is, therefore, of decisive importance to define precisely contents and limits of the agreement.

5. *Verification*

With respect to most of CBM it will be necessary to agree on the verification of their implementation. Aside from the effects on the security of states concerned, one important function of verification in such a case would be that it provides a means of evidence for eventually proving the violation of the respective agreement.

Furthermore, it is recommended here that agreements on verification of CBM should have particularly strong legal force, in order to provide a firm basis for the surveillance of the functioning of the CBM-agreements concerned.

In order to avoid disputes concerning the correct implementation of an agreement on verification of CBM, it is of utmost importance to define exactly the contents, scope and limits of that agreement.

Finally, also with regard to an agreement on verification of CBM the same principles of international law serve as a yardstick for the behavior of states as is the case for the agreement on CBM as such, namely the principles of sovereign equality, of non-intervention, and the principle of good faith.

6. Spill-over of an "international law of military CBM" into the realm of non-military CBM?

A body of legal rules, eventually developing within the context discussed above, would apply to that context only, thus constituting a body of "international law of military CBM". One could, however, try to utilize some of the elements of that body for the development of a similar body of legal rules for non-military CBM. An expert group, similar to that established by the Secretary General of the UN for the elaboration of a comprehensive study on (military) CBM and their legal aspects, would be the proper instrument for the fulfilment of that task.

Kolibri 360 GmbH
Ferdinand-Jühlke-Straße 7
99095 Erfurt, Deutschland
produktsicherheit@kolibri360.de

Druck:
CPI Druckdienstleistungen GmbH
im Auftrag der
Kolibri 360 GmbH
Ferdinand-Jühlke-Str. 7
99095 Erfurt